可持续生计视阈下库区移民生存质量研究

——形成机理及管理策略

谢蕾蕾 ◎ 著

中国财经出版传媒集团
经济科学出版社
Economic Science Press

图书在版编目（CIP）数据

可持续生计视阈下库区移民生存质量研究：形成机理及管理策略/谢蕾蕾著. —北京：经济科学出版社，2020.12
ISBN 978－7－5218－2018－8

Ⅰ.①可…　Ⅱ.①谢…　Ⅲ.①水库工程－移民安置－生存－研究－中国　Ⅳ.①D632.4

中国版本图书馆 CIP 数据核字（2020）第 210436 号

责任编辑：刘　丽
责任校对：杨　海
责任印制：王世伟

可持续生计视阈下库区移民生存质量研究
——形成机理及管理策略
谢蕾蕾　著
经济科学出版社出版、发行　新华书店经销
社址：北京市海淀区阜成路甲 28 号　邮编：100142
总编部电话：010－88191217　发行部电话：010－88191522
网址：www.esp.com.cn
电子邮箱：esp@esp.com.cn
天猫网店：经济科学出版社旗舰店
网址：http://jjkxcbs.tmall.com
北京季蜂印刷有限公司印装
710×1000　16 开　13.25 印张　180000 字
2020 年 12 月第 1 版　2020 年 12 月第 1 次印刷
ISBN 978－7－5218－2018－8　定价：68.00 元
（图书出现印装问题，本社负责调换。电话：010－88191510）

前言

水库移民是在政府指导下形成的同时具备经济性、社会性的非自愿移民，移民在从原住地向迁入地转移的过程中，其经济、社会、文化和环境均经历了“破裂—重构”的变化。在中国经济长期发展的过程中，水利建设事业取得了巨大的成就，但同时大规模的水库移民的安置和可持续发展问题也日渐突出。我国先后经历了20世纪80年代的“开发性移民方针”，以及2006年的水库移民后期扶持政策，将库区和安置区移民的生产生活、经济发展和资源利用充分结合，通过多种渠道筹集资金进行移民安置区的基础设施建设和改造，同时结合国家“精准扶贫”相关政策，库区移民的生产生活水平已有较大的提升，移民的社会稳定性也有所增强。

生存质量（Quality of Life，QOL）的研究起源于美国，最初作为社会学概念来使用。如今，生存质量是一个综合性概念，涉及心理学、生理学、社会学、环境学等多个领域。本书将传统的水库移民生产生活状况分析深化至生存质量系统分析，按照库区移民生存质量研究总体设计“库区移民生存质量基础理论—库区移民生存质量研究框架与假设—库区移民生存质量评价与要素作用机理分析—库区移民生存质量提升和优化的管理策略”的逻辑主线展开，作为可持续升级发展视角下的库区移民生活质量研究框架，以期对我国生态移民生计资本的优化、生活质量的提升、可持续生计发展竞争力的培育提供可操作性的理论参考和实证借鉴。

本书可供对水库移民数据搜集、分析方法、移民管理策略感兴趣的读者阅读。我们为研究库区移民生存质量提供了一致性和系统性的概念与方法基础，使用了少量的数学知识、统计方法和统计模型，以及部分优化统计方法，以帮助读者理解研究内容。

本书共八章。第一章系统介绍本书的研究思路、技术路线、研究方法、研究内容和创新点等，以厘清本书的主要逻辑关系；第二章综述生存质量的概念与衡量、生计资本的核算体系与核算方法、库区移民的社会融合与经济融合等问题的主要研究成果，并对已有研究成果进行述评；第三章厘定生存质量、生计资本、生态移民等基本概念，并提出经济融合与生存质量、社会融合与生存质量、后扶政策与生存质量三个维度上相应的理论假设；第四章设定库区移民生存质量评价体系的构建原则，利用某库区移民后期扶持政策监测评估调研数据，测算样本户生计资本存量水平，计算生存质量综合指数等；第五章从社会因素和经济因素两个角度衡量库区移民生计资本，并构建生计资本复杂网络，探讨生计资本各因素的作用机理，并评价库区移民的生存质量；第六章分两阶段探讨库区移民生存质量的发展效率；第七章利用熵权法测算指标权重，采用加权方式计算生存质量综合评价体系中五个生计资本要素的发展指数值，分别采用协调度和耦合协调度模型测度库区移民生存质量体系的协调发展水平；第八章从库区移民、迁入地原居民、地方政府三个维度，探讨库区移民提高生计资本、提升生存质量的可行路径，并辅以保障政策和策略，完善库区移民的整体发展策略。

本书得到河南省教育厅人文社会科学研究项目“二元网络嵌

入性视角下水库移民生存质量研究”（2018－ZZJH－307）的资助。感谢华北水利水电大学数学与统计学院领导和同事的鼓励与帮助，感谢我的家人的支持与理解。

本书是对水库移民生存状态和生活质量的初步研究，水库移民管理和评价是一个广阔的研究领域，还有很多问题需要研究。

由于作者能力所限，书中难免存在不足，恳请读者不吝告知，笔者将不胜感激。

谢蕾蕾

于华北水利水电大学

2020年7月

目录

第一章　绪　　论

第一节　研究背景及意义

一、研究背景

现代化水利工程是国家发展的重要支撑。《水利改革发展“十三五”规划》明确了“十三五”水利改革发展的主要目标和重点任务。到2020年，基本建成与经济社会发展要求相适应的防洪抗旱减灾体系、水资源合理配置与高效利用体系、水资源保护与河湖健康保障体系、有利于水利科学发展的制度体系，水利基础设施网络进一步完善，水治理体系和水治理能力现代化建设取得重大进展，国家水安全保障综合能力显著增强。“十三五”水利改革发展重点任务包括8个方面：一是全面推进节水型社会建设；二是改革创新水利发展体制机制；三是加快完善水利基础设施网络；四是提高城市防洪排涝和供水能力；五是进一步夯实农村水利基础；六是加强水生态治理与保护；七是优化流域区域水利发展布局；八是全面强化依法治水、科技兴水。“十三五”规划引领了水利工程的快速高效发展，同时也意味着水利工程移民规模的进一步扩大。因此，水利工程移民这一群体的生存和发展是社会管理不可忽视的重要问题。

水库移民是一种非自愿移民，这种迁移不具有市场选择性，目前我国常用的水库移民搬迁方式包括分散安置和整村安置。分散安置是指库区移民被零散地安置到不同的村中，需要迁入村为其提供土地；整村搬迁会形成移民新村，是原有村子的整村迁徙，相当于建立一个新村落。不论采用哪种安置方式，库区移民从原居住地搬迁进入安置地都是一个突变过程，在这一过程中，库区移民要面对居住自然环境与人文环境的深刻变化，这种变化包括原有生产系统被破坏、原有收入来源丧失、进入新经济环境后由于技能不适应而造成的短期或长期贫困状态，原有社会结构与组织关系破裂，与新迁入地在文化、社会习俗、生活习惯上的差距等。该种综合环境的改变会引起移民的生产方式、生活方式、人际关系等方面发生相应改变。库区移民是否能够适应、如何适应等问题是理论界和政府职能部门关心的焦点。

为了积极和有效帮助移民改善生计条件，国家先后设立了库区维护基金、库区建设基金和库区后期扶持基金，并相继颁布了《国务院关于完善大中型水库移民后期扶持政策的意见》《大中型水利水电工程建设征地补偿和移民安置条例》《关于印发〈大中型水利水电工程移民安置验收管理暂行办法〉的通知》等相关政策措施，为保护库区移民基本权益、解决库区移民遗留问题、维护库区社会稳定发展给予了总的蓝图和行动指导。水库工程移民后期扶持政策已实施多年，这些政策是否发挥了相应的作用，作用的发挥途径是什么，各个环节的衔接是否紧密，这些问题关系库区移民的切身利益，同时也关系库区移民与政府之间和谐共生关系的发展，是政府服务能力提升和政策绩效完善的重要切入点。

二、研究意义

本书选取库区工程移民生存质量形成机理与提升管理策略这一理论与

实际相结合的课题，在现有文献理论研究和实证研究的基础上，从可持续生计的视角，构建库区移民生存质量综合评价体系，利用数学与统计学方法衡量库区移民的生存质量发展现状和结构，有助于移民服务参与人更好地认识水库移民的生存现状，掌握水库移民的真实需求。

构建水库移民社会融合和经济融合二元网络系统。该复杂网络系统不再将社会融合和经济融合视为两个独立的系统，而是更加关注彼此之间的渗透性和交互作用，同时库区移民安置方式和收入水平的差异，会使群体呈现出不同的社会融合与经济融合系统结构。对社会融合系统的剖析，有利于决策者制定更精准的扶持政策，加速移民的和谐过渡；对经济融合系统的剖析，有助于寻找移民创业创收的最佳切入点，集中主要力量为尽快缩小水库移民与当地平均收入水平的差距、提升移民的生活质量提供更便利的条件，奠定更扎实的基础。

构建二阶段效率评价模型。剖析库区移民后期扶持政策实施的作用机理和效用传导路径，综合衡量后期扶持政策的整体效率和影响因素，在一定程度上丰富了水库移民后期安置效果和政策措施的理论研究，并为政府相关职能部门更深入地了解政策效果和效率、制定更为精准的安置和扶持政策提供数据与技术支持。

综上所述，本书针对库区移民生存质量的发展和提升问题，以可持续生计为视角，构建综合评价系统衡量库区移民生存质量现状，剖析生存质量评价系统内资本要素的作用机理，测定库区移民后期扶持政策的绩效，并梳理后期扶持政策的作用机理和传导路径。这些内容为工程移民安置和管理领域研究提供了较系统的研究架构，为政府相关职能机构完善和优化政策措施，更有效管理水库工程移民提供了科学的研究方法，具有重要的理论意义和实践意义。

第二节　研究目的及思路

一、研究目的与基本问题

（一）研究目的

本书运用人口学、社会管理、人口迁移理论等基础学科理论知识，积极吸取国内外有关移民人口管理和评价的最新研究成果，紧密结合中国水库移民工程的实际情况和具体特点，从提升和优化库区移民生存质量出发，科学界定生存质量、生计资本的内涵、本质和构成要素。构建库区移民生存质量综合评价指标体系，探讨库区移民的生计资本和生存质量现状，通过构建库区移民经济融合与社会融合复杂网络模型，研究库区移民的经济和社会融合机理和过程。利用数据包络分析方法，分析库区移民的后期扶持政策的综合效率，以及效率的因素分解，从而为改善库区移民的生活条件和生计资本，提升库区移民可持续生计发展的竞争力，制定更加合适和精准的扶持政策，提供科学的理论依据和管理策略。

（二）基本问题

本书研究从可持续生计发展的视角，试图将人口迁移理论、复杂网络理论与演化管理学有机结合起来，对库区移民生存质量的综合评价、经济和社会融合的机理、作用机制与移民后期扶持政策的实施效率进行系统研究，形成适合中国国情的、系统的、具有指导意义的库区移民生存质量形成与提升理论研究体系，以此为政府相关职能部门加大扶持力度、明确政策实施方向，进一步提升库区移民的生存质量提供依据和途径。

因此，本书研究的主要目的在于回答以下几个问题。

（1）库区移民生存质量的内涵与外在表现是什么，怎样衡量库区移民的生存质量？

（2）库区移民迁移后，如何与当地原住民之间进行经济和社会往来，其形成的经济和社会网络作用机理是怎样的？

（3）在中国背景下，水库生态移民工程在众多政策扶持下进行，这些库区移民后期扶持政策是否在移民生存过程中发挥了作用？其综合效率产生的机理和机制如何？

（4）库区移民生存质量系统内部与外部经济系统的发展是否均衡？协调发展程度如何？

二、研究思路与技术路线

（一）研究思路

本书按照库区移民生存质量研究总体设计“库区移民生存质量基础理论—库区移民生存质量研究框架与假设—库区移民生存质量评价与要素作用机理分析—库区移民生存质量提升和优化的管理策略”的逻辑主线展开，力求综合考量库区移民生计问题的多方因素，形成完整、清晰、便于操作的，基于可持续升级发展视角下的库区移民生活质量研究框架，以期对我国生态移民生计资本的优化、生活质量的提升、可持续生计发展竞争力的培育提供可操作性的理论参考和实证借鉴。

（二）技术路线

本书在现有国内外文献述评和理论分析的基础上，深入剖析并归纳汇总库区移民生存质量的内涵、本质和构成要素，构建基于可持续生计视阈下的库区移民生存质量研究框架和理论假设，探讨库区移民生存质量综合评价体系，以及组成要素作用机理。通过选取样本村样本户进行实地跟踪调查，搜集资料数据，并进行统计分析，对由自然资本、物质资本、人力资本、金融资本和社会资本构成的库区移民生计资本进行衡量和测算。以此为基础，应用因子分析和数据包络分析等数学方法，对库区移民生存质量综合评价进行理论分析和实证研究，并根据移民迁入新的居住地后，与当地原住民在物质资源、信息资源等的交流和置换过程中，形成的经济融合和社会融合网络进行理论模型推导，剖析双元网络形成的微观基础和因素作用机制，揭示复杂网络下库区移民可持续生计发展竞争力形成的机理和发展规律，并提出切实可行的生存质量提升和优化路径和策略。

本书所采用的库区移民生存质量研究基本框架如图1－1所示。

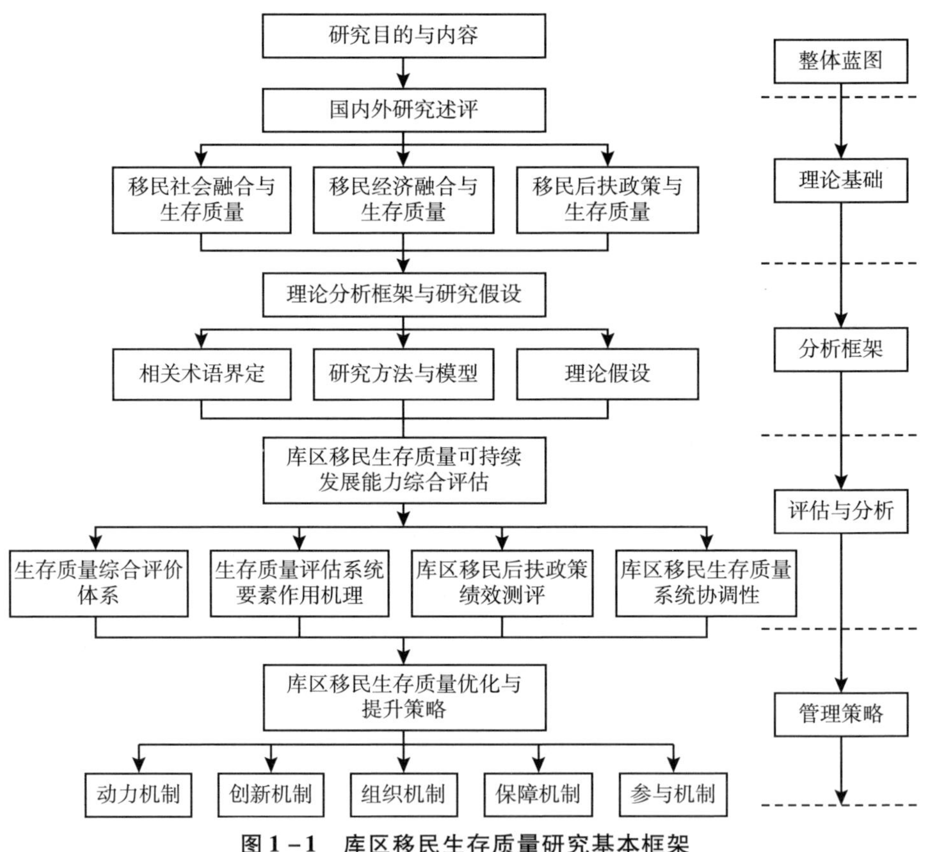

图1－1　库区移民生存质量研究基本框架

三、研究方法

本书综合采用人口迁移理论、发展经济学、统计学、数学等学科研究方法，对库区移民生存质量的综合评价、效率评价、网络形成、作用机理、系统协调发展和提升路径进行了研究，具体采用了以下研究方法。

1. 问卷调查和深度访谈法

根据本书研究目的和研究内容，采用科学的抽样方法，抽取移民样本户，并合理设置调查问卷，获取水库移民样本户的经济资料。在问卷调查的同时，与移民样本户进行深度访谈，获得他们在安置过程中遇到的困难及解决的办法等信息，同时请求移民给出与其进行密切交流和往来的村民信息，以此构建移民社会融合网络，解决移民社会融合难题。

2. 因子分析法

因子分析法是从研究变量内部相关的依赖关系出发，把一些具有错综复杂关系的变量归结为少数几个综合因子的一种多变量统计分析方法。它通过线性规划的方式，将原有变量信息提取、重组，形成新的变量，即公共因子，通过用最少个数公共因子的线性函数与特殊因子之和来描述每个原指标。本书利用因子分析法构建库区移民生存质量综合评价指标体系中各二级指标下的信息，并将因子载荷作为提取出的公共因子权重，采用客观赋权的方式进行指数值的加权计算。

3. 数据包络分析法

数据包络分析法（Data Envelopment Analysis，DEA）是运筹学、管理学和数理经济学交叉研究的一种方法，是根据多项投入指标和多项产出指标借助线性规划的方法，对具有可比性的同类型单位进行相对有效性评价的一种数量分析方法。将国家对库区移民的后期扶持政策的效用发挥看作一种“生产过程”，并根据政策效应发挥特点将其划分为两个阶段，利用 DEA 法分别探讨两阶段下后扶政策的实施效果。

4. 结构方程模型分析法

结构方程模型（Structural Equation Modeling，SEM）分析法，是当代行为与社会领域量化研究的重要统计方法，它融合了传统多变量统计分析中的“因素分析”和“线性模型之回归分析”的统计技术，通过检验模型中包含的显性变量、潜在变量、干扰或误差变量间的关系，进而获得自变量对因变量影响的直接效果、间接效果和总效果。构建水库移民经济融合的结构模型和测量模型，利用 SEM 法对网络模型进行估计和测算，对移民经济融合系统进行分析。

5. 加权熵权法的耦合协调度模型

利用优化的加权熵权法构建库区移民生存质量综合指数的计算规则，测算生存质量系统综合指数以及各项分指数值，并利用协调度和耦合协调度模型分别测算生存质量系统内部各子要素之间的协调发展水平，以及生存质量系统与外部经济系统的耦合协调发展程度。

第三节　研究内容及创新

一、研究内容

本书分为八章分析库区移民的生存质量问题。

第一章　绪论。介绍工程移民的管理发展历程，我国水利水电工程的发展现状，提出本书研究的理论意义和现实意义。系统介绍本书的研究思路、技术路线、研究方法、研究内容和创新点等，厘清本书的主要逻辑关系。

第二章　库区移民生存质量研究述评。以生存质量、生计资本、库区移民生存质量三个概念为主线，分别综述生存质量的概念和衡量、生计资本的核算体系和核算方法、库区移民的社会融合和经济融合等问题的主要研究成果，并对已有研究成果进行简评。

第三章 库区移民生存质量研究框架与理论假设。厘定研究中生存质量、生计资本、生态移民等基本概念，研究主要使用生计资本作为生存质量衡量的主要指标体系。因此该章根据文献研究，构建库区移民生计资本指标体系，并界定资本存量和生存质量的测算方法。综述本书库区移民生存质量研究的总体框架，并提出经济融合与生存质量、社会融合与生存质量、后扶政策与生存质量三个维度上的相应理论假设。

第四章 库区移民生存质量评价体系。设定库区移民生存质量指标体系的构建原则，筛选测评指标，确定测算方法，利用某库区移民后期扶持政策监测评估调研数据，测算样本户生计资本存量水平，计算生存质量综合指数，并进行相关分析。

第五章 库区移民生存质量要素作用机理。从社会因素和经济因素两个角度衡量库区移民生计资本，并构建生计资本复杂网络，探讨网络内各因素的作用机理，并评价库区移民的生存质量。选取南海水库周边若干分散移民安置村，每个村内选取 10 名水库移民，采用二阶段抽样方式抽选样本村和样本户为基础，就水库移民户的资源分配、收入水平、消费水平、家庭资产、政策保障进行问卷调查，利用问卷调研的方式探讨库区移民生存现状和生存质量。库区移民资源分配情况、收入和消费能力、政府支持、家庭资产存量等相互作用，形成了一个封闭的复杂生计网络。利用 SEM 分析法，分别构建结构模型和测量模型，选择极大似然（估计方）法（Maximum Likelihood，ML）及偏最小二乘估计方法（Partial Least Squares Regression，PLS）估算各路径系数，并进行统计检验，借以判断生计资本网络系统中各构成要素（潜变量）间作用传导路径，探索水库移民在新经济环境中经济角色的形成机理和作用机制。

第六章 库区移民生存质量发展绩效。移民在迁入新住地后，会通过对国家扶持政策的享用，与村干部、普通村民之间发生交流，在该过程中，不仅构建了库区移民的社会交往网络，通过扶持政策的实施也会对移民的生存质量产生作用。因此研究构造政策实施效果的两阶段传导路径，探讨库区移民迁入新住地后所享受的后扶政策对其生存的影响，并对这种影响的效率进行测算。在大量阅读学习文献的基础上，将后扶政策的效用发挥界定为两个阶段：第一阶段反映后扶政策对移民收入水平的作用机理，其测算的效率值代表后扶政策的直接效率；第二阶段反映移民收入水平对其生活质量的作用，该阶段测算的效率值与第一阶段效率值进行汇总，表现为后扶政策的间接效率。将第一阶段、第二阶段的作用机理进行整合，则为后扶政策的综合效果（直接效率和间接效率）。

第七章　库区移民生存质量体系的协调发展。以本书第四章构建的库区移民生存质量综合评价指标体系为基础，利用熵权法测算指标权重，采用加权方式计算生存质量综合评价体系中五个生计资本要素的发展指数值，分别采用协调度和耦合协调度模型测度库区移民生存质量体系的协调发展水平。实证研究部分采用2018年河南省济源市库区移民后期扶持政策效果调研数据，以综合评价理论指标体系为基础，挑选合适指标，构建和计算生存质量体系五个生计资本要素的发展指数，从两个方面分析生存质量体系协调发展水平：一是生存质量体系内部任意两个资本要素的耦合协调发展水平；二是生存质量体系综合发展水平与当地经济综合发展的协调状况。

第八章　库区移民生存质量提升路径及策略。从库区移民、迁入地原居民、地方政府三个维度出发，根据构建的经济融合和社会融合网络特征，结合库区移民生计资本的现存状态和显著问题，探讨库区移民提高生计资本、提升生存质量的可行路径，并辅以保障政策和策略，以完善库区移民的整体发展策略。

二、创新点

（1）本书在工程移民生计和生存的相关研究成果基础上，分析了生存质量的内涵、本质和构成要素，将外延较广、概念模糊的生存质量转化为适应特定领域的、较为具体、可以衡量和操作的管理理念与内容，构建了可持续生计发展（Sustainable Livelihood Development）视角下的“经济融合（Economic Integration）—社会融合（Social Integration）—效率评价（Efficient Evaluation）”的库区移民生存质量形成与形成机理“L-ESE”分析框架模型。从生计资本、生存现状、作用机理等方面提出了库区移民经济融合和社会融合问题的主要观点与理论假定。L-ESE 分析框架关注库区移民生存质量的动态发展过程，强调库区移民迁移后在经济环境和社会环境改变的刺激下，通过环境感知和适应，以及外部协助和政府管理的作用下，所形成的可持续发展的竞争力。L-ESE 分析框架拓展了研究库区移民生存质量的思路和方法，为工程移民和贫困移民管理研究提供了基本理论分析。

（2）本书提出生存质量应以可持续生计发展为研究视角。生存质量包括生计资本存量衡量、生计资本要素作用机理及网络构成、生计发展能力外部因素作用绩效评估三个维度。本书认为生存质量形成和提升的本质是移民在外部环境刺激和内部因素带动下，利用现有资源与能力，通过网络路径的传导作用，使得资源配置和利用效率提升，可持续生计竞争力形成和发展。库区移民在迁移后，一方面，各种生计资本均发生改变，安置方式不同，不同生计资本的改变方向也有所差异，同时五种生计资本之间的作用路径与机理也随收入等级、安置方式的不同而有较大区别；另一方面，从为外部因素看，政府的支持总体上对移民生存质量提升具有推动作用，但作用机理与绩效水平在不同安置方式和生计方式下也同样体现出差异。这些观点使得学者和管理人员对库区移民的生存和生计问题有了更深入、系统、细致、具体的认识，从而为评价、构建和提升库区移民生存质量奠定基础。

（3）水库移民从原住地转移到迁入地后，面临着全新的生存环境。一方面，水库移民可能与当地的民俗文化和社会习惯产生冲突；另一方面，水库移民原有生产生活资源被剥夺后，新分配的经济资源与移民的实际需求之间的矛盾产生。同时，水库移民与迁入地社会融合的程度又影响着水库移民经济系统的融合性。当前国内关于水库移民的相关研究多依赖于研究文献或扎根理论，研究方法薄弱，并不能很好地发现中国情境下该类问题的特殊性，研究结论难以有效指导中国水库移民管理部门的实践活动。利用社会融合和经济融合构建双元网络模型分析方法，能够更透彻地剖析水库移民的生存状态，了解民情。从社会融合和经济融合的双元网络着手认识水库移民的生存系统，利用规范的实证研究和量化分析方法，关注中国情境下问题的特殊性，是一个新的研究主题和研究思路。

（4）在详细掌握国际组织和国内相关职能部门对于工程移民安置、补偿和扶持相关政策措施后，剖析库区移民政策措施在“颁布—实施—绩效—反馈—修正”的作用机理和效用传导路径，以此理论模型为基础，将政策措施的效用传导和作用机理划分为两个阶段，利用数据包络分析方法，分别探讨各阶段政策措施的效率，通过对比发现政策传导的瓶颈。在效率值测算的基础上，将综合绩效进一步分解为纯技术效率和规模效率，剖析各阶段综合效率形成的特点，提出政策传导瓶颈形成的原因和有针对性的解决方法。该效率测算和因素分解模型，以及库区移民后期扶持政策效果实证研究成果，进一步了解政策作用发挥的路径和机理，有助于相关职能部门有效的修正与完善现有政策结构和管理模式。

（5）提炼出库区工程移民生存质量提升和竞争力培育的影响因素，提出可以从动力机制、创新机制、组织机制、保障机制和参与机制出发，激发库区移民对生存质量优化和提升的愿景和动力，增强库区移民对生存环境改变的敏感度和感知能力，加速他们与新居住地的经济融合和社会融合进程，优化政府相关政策措施的作用机理和传导路径，进一步提升库区移民政策措施的绩效和辐射力。

三、研究展望

工程移民生计问题系统庞杂、内容丰富，本书以生计资本为切入点，重点研究水库工程的库区工程移民生计资本总量、结构、作用机理、提升路径等有关生存质量的分支问题。工程移民生计问题是一个动态发展的综合体，随着客观和主观条件的不断完善，还可从以下方面开展研究。

（1）完善对库区移民的跟踪式调查。由于外出打工、更换住宅地等因素，库区移民的流动性偏大，目前有关库区移民生存质量的调查往往限于一个年度，农户生存条件和基础的变动采取的是回忆式调查的数据获取方式，在准确度上有所欠缺。采用农户的跟踪式调查，不仅可以准确计量农户家庭生计资本的变动情况，而且可以通过社会和经济融合网络的变动，反映移民生计要素作用机理的变化，修正移民生存质量提升的路径和优化策略。

（2）搭建更完善的社会融合网络。社会融合网络涉及个人的社会关系，因此搭建群体的社会融合网络，从技术上而言较为复杂和烦琐。可以通过调查手段的提升和调查内容的专业化，寻求合适的计算方法，拟合更为精准的库区移民社会融合网络，并探讨社会融合路径的变动，以及与经济融合网络的衔接。

第四节　本章小结

本章深入剖析库区移民生存质量研究的理论与现实背景，指出库区移民生计和生存质量研究的理论及应用价值，在对研究的基本目的和问题、研究思路和技术路线、具体研究方法进行梳理和介绍的基础上，汇总和归纳研究内容，以此为基础提出本书的四个创新点，并对未来的研究方法和内容进行展望。

第二章　库区移民生存质量研究述评

第一节　生存质量研究综述

生存质量（Quality of Life，QOL）的研究起源于美国，最初作为社会学概念来使用。生存质量指不同文化和价值体系中的个体对他们的目标、期望、标准及关注事物有关的生存状态的体验。所以，生存质量是一个综合性概念，涉及心理学、生理学、社会学、环境学等多个领域。生存质量概念提出后，主要向两个方向发展：社会学指标研究和医学生活质量研究。社会学指标研究主要通过构建指标体系衡量民众的生理健康和心理幸福感等；医学生活质量研究通过量表的方式探讨生活质量。

国内学者利用生存质量概念进行医学类研究的较多，且主要针对部分患病人群，例如研究患高血压、糖尿病、心肌梗死、乳腺癌、肺癌等人群的生活质量，某种治疗方法对病人生存质量的影响。由于该类研究与本书研究内容不符，在此不再展开综述。国内利用生存质量概念进行社会学研究的学者相对较少，其研究也只限于某些特殊人口特征，例如老年人、军人、学生、留守儿童等的生存质量分析等，其中仍然涉及部分医学知识。在针对移民，尤其是库区移民的生存质量研究中，学者普遍采用生计资本的概念进行测度和衡量，通过构建生计资本因素和指标体系，对研究群体的生存质量进行分析。

第二节 生计资本研究综述

“生计”是描述贫困群体的生存问题的专业术语。英国国家发展署在深入分析贫困理论和扶贫时间基础上，以贫困特殊人群为基础，提出了生计分析框架，从而给出了“生计资本”的概念和范畴。该概念提出后，学术界利用生计资本加深和扩大了贫困问题的研究，并进行了大量的探索和拓展，涉及贫困群体的生计状况、生计资本衡量体系的优化，以及对移民群体生存问题的研究。

张朝辉（2019）基于西北 S 地区 1451 个农户的问卷调研信息，应用多分类有序 Logit 模型（也称“评定模型”），分析生计资本对农户退耕参与决策的影响机制，为促发农户退耕参与决策提供现实依据。宁静、殷浩栋、汪三贵等（2018）基于 8 个省 16 个贫困县的易地扶贫搬迁监测的准实验研究，采用 1688 个两轮微观农户调查的面板数据，利用 PSM - DID（双重差分倾向得分匹配模型）实证检验了异地扶贫搬迁对农户家庭贫困脆弱性的影响。研究发现易地搬迁使农户搬离恶劣的自然禀赋区域，改善与农户生产生活密切相关的基础设施和公共服务体条件。一方面，使农户积累了足够的生计资本；另一方面，也使农户的生计方式发生改变，收入实现多样化。郭秀丽、周立华、陈勇等（2018）以地处库布齐沙漠腹地的杭锦旗为例，基于农户调研数据，对北部沿河区和南部梁外区农户的生计资本和生计策略进行了调查与对比分析，并建立二元 Logistics 回归模型，对影响两区域农户生计策略选择的关键因素进行了研究。吴乐、靳乐山（2018）基于英国国际发展署提出的可持续生计框架，构建测度指标测算了贵州省 3 个贫困县 432 个农户样本的生计资本，通过似不相关估计分析农户生计资本的影响因素。徐锡广、申鹏（2018）根据“可持续生计分析框架”，选择相关测度指标测度贵州易地扶贫搬迁移民的人力资本、自然资本、物质资本、金融资本和社会资本等生计资本，通过调查数据分析其易地搬迁贫困移民的生计资本现状。黄志刚、陈晓楠（2018）基于 DFID 的生计资本框架，引入文化资本，构建生计资本对移民农户满意度的结构方程模型，并以陕南移民工程的农户调研数据为基础，对模型进行偏最小二乘估计，分析不同类型的生计资本对移民农户满意度的影响。涂丽（2018）以可持续生计为理论框架，基于中国劳动力动态调查数据（China Labor-foree Dynamic Survey，CLDS），采用专家打分和层次分析法相结合的方式测算了农户的生计资本综合指数，并以农业生产和外出务工为标准将农户的生计策略划分为纯粹农业型、外出务工型、农工兼顾型和当地非农型四类，进一步分析不同生计资本组合下的农户生计策略。

第三节　库区移民生存质量研究综述

水库工程建设产生大量的库区移民，由于远离原有居住地，库区移民往往面临着经济和社会双重困境。换言之，库区移民只有与迁入地的经济和社会资源实现充分融合，才能有效地改善生计资本，提升生存质量。国内学者在库区移民的经济融合和社会融合领域做了大量研究，同时，针对库区移民生计问题，国家相关管理部门出台一系列扶持政策，这些扶持政策的作用机理、作用效果也得到广大学者的研究。

一、库区移民社会融合研究述评

移民社会融入问题一直是西方移民研究的重点，但我国对水库移民社会融合问题的研究还处于起步阶段。

罗永仕（2016）就农村库区四种移民社会样态对社会融合的影响进行比较分析，研究发现在非自愿性前提下，农村库区移民的身份认同受其所处社会样态影响更大，社会样态是政府促进农村库区移民社会融合的客观基础。

胡江霞、文传浩（2016）利用三峡库区582个移民户的调研数据，探讨就业质量对移民社会融合的影响。结果显示工作满意度、社会保障、收入及福利、职业发展前景、社会网络与移民社会融合呈现出显著正相关特征，社会网络的中介效应作用显著。

耿言虎、陈阿江（2015）梳理了少数民族地区移民安置中的搬迁补偿、移民安置、移民适应、移民融合等研究领域，同时提出后续研究需要关注少数民族人地关系与生计、少数民族宗教信仰与文化风俗及其补偿机制、少数民族可持续发展等问题。

荀晓鲲（2015）总结了当前水库移民在城镇融入方面面临的三个亟待解决的问题：社会管理的“滞后性”与城镇公共服务需求的矛盾；自身融入能力的“有限性”与城镇生活向往的矛盾；乡村文明的“保守性”与城镇文明开放性的矛盾。并提出应从管理、教育、文化方面入手构建以服务为核心的社会管理制度，真正化解水库移民的城镇融入问题。

张祝平（2013）通过对浙南丽水市水库新老移民社会融入状况进行问卷调查，探讨社会支持与社会融合的关系。研究发现：有效的政策扶持、适宜的安置策略、积极的角色调适、持续的经济动力，以及促进多元地域文化互渗与交融是支持移民和谐融入与社会适应的基本要素。同时发现水库移民在社会融入中存在典型问题：移民创收存在众多制约、对生产生活满意度不高、政策参与存在诸多障碍、因移民导致的消极心理仍存在、文化整合的任务仍艰巨。

已有的关于水库移民社会融入问题的研究不仅数量少，而且多数研究仅限于文献综述和理论分析，涉及的定量分析极少，部分采用调查问卷的方式获得数据，但也只进行了描述分析，并未对数据进行深层次挖掘。在移民安置过程中，不可避免地存在小团体向大团体融合的问题，因此从社会网络的角度对网络系统的演变和更新进行分析，有利于更精准地总结水库移民社会融合过程的障碍和影响因素。

二、库区移民经济融合研究述评

对水库移民的经济问题研究主要采用问卷调查的方式获得数据，并集中于水库移民满意度评价及影响因素分析、生计资本的测度与评价、生产生活水平的综合评价、移民创收创业的影响分析等。

邱元锋、孟戈等（2016）对湖北丹江口水库、湖南涔天河水库、四川亭子口水库的移民案例进行了研究。通过农户访谈和问卷调查，以移民满意度为因变量，以移民户特征、家庭收支情况、生产条件、生活条件、社会条件、资源条件和环境条件为自变量，对不同库区移民满意度及影响因素进行实证分析。

李娜、王火根（2016）对江西省抚州市4个县475户水库移民进行监测评估，通过主成分分析方法，提出评估移民生活水平的绩效评价指标体系，对水库移民生活水平进行了综合评价。

彭峰、周银珍（2016）从经济社会生态可持续发展角度识别出我国水库移民生计风险的影响因素，利用解释结构模型（Interpretative Structural Modeling，ISM）方法构建多层递阶结构模型深入分析各因素之间的相互关系。

王沛沛、许佳君（2013）通过对温州水库移民调查数据，建立了移民生计资本评价指标，测算出水库移民生计资本现状，并采用Logistics回归模型分析生计资本对创业的影响。

秦朝钧（2011）利用层次分析方法对龙滩水库移民生产生活重建现状进行定性、定量相结合的决策分析，建立了水库移民安置质量模糊综合评定模型，并利用该模型对移民安置质量进行了综合评价和对比分析。

已有的研究过多地集中于移民生产生活某一方面的综合测度与评价，很少从复杂网络的角度探究水库移民经济行为的系统性。移民的生产、生活、社会因素彼此作用，单向的线性模型已无法准确地描述因素之间的作用机理，因此从复杂网络的视角探究水库移民经济系统各因素间的直接和间接关系，更具科学性和合理性。

三、库区移民后期扶持政策研究述评

中国目前拥有水库8.6万座，是世界上水库最多的国家。水库建设虽然在防洪、灌溉、发电等方面为我国的经济发展作出了巨大的贡献，但也因为其对生活环境的破坏而造成了大量的搬迁移民。截至2014年年底，随着南水北调、三峡大坝等大型水利水电工程的竣工，中国的水库移民总数已经达到2200万。并且随着水利工程建设的深化，自愿或者非自愿的水库移民数量还在扩大。水库移民的后期扶持和管理牵涉政治、经济、环境等因素，是一项范围广、复杂度高的综合性工程。国家每年实施库区维护基金、库区建设基金、库区后期扶持基金和库区开发资金等多种后期扶持政策，同时配合其他补贴措施，以期提高水库移民收入，稳定移民生活。

（一）生态移民相关法律与安置政策

中国为工程移民安置颁布了以下相关法律、法规和政策。

1.《中华人民共和国土地管理法》相关法律规定

第二条　中华人民共和国实行土地的社会主义公有制，即全民所有制和劳动群众集体所有制。全民所有，即国家所有土地的所有权由国务院代表国家行使。任何单位和个人不得侵占、买卖或者以其他形式非法转让土地。土地使用权可以依法转让。国家为了公共利益的需要，可以依法对土地实施征收或者征用并给予补偿。国家依法实行国有土地有偿使用制度。但是，国家在法律规定的范围内划拨国有土地使用权的除外。

第五条　国务院自然资源主管部门统一负责全国土地的管理和监督工作。县级以上地方人民政府自然资源主管部门的设置及其职责，由省、自治区、直辖市人民政府根据国务院有关规定确定。

第十一条　农民集体所有的土地依法属于村农民集体所有的，由村集体经济组织或村民委员会经营、管理；已经分别属于村内两个以上农村集体经济组织的农民集体所有的，由村内各该农村集体经济组织或者村民小组经营、管理；已经属于乡（镇）农民集体所有的，由乡（镇）农村集体经济组织经营、管理。

第十三条　农民集体所有和国家所有依法由农民集体使用的耕地、林地、草地，以及其他依法用于农业的土地，采取农村集体经济组织内部的家庭承包方式承包，不宜采用家庭承包方式的荒山、荒沟、荒丘、荒滩等，可以采取招标、拍卖、公开协商等方式承包，从事种植业、林业、畜牧业、渔业生产。家庭承包的耕地的承包期为三十年，草地的承包期为三十年至五十年，林地的承包期为三十年至七十年；耕地承包期届满后再延长三十年，草地、林地承包期届满后依法相应延长。国家所有依法用于农业的土地可以由单位或者个人承包经营，从事种植业、林业、畜牧业、渔业生产。发包方和承包方应当依法订立承包合同，约定双方的权利和义务。承包经营土地的单位和个人，有保护和按照承包合同约定的用途合理利用土地的义务。

第四十七条　国家征收土地的，依照法定程序批准后，由县级以上地方人民政府予以公告并组织实施。县级以上地方人民政府拟申请征收土地的，应当开展拟征收土地现状调查和社会稳定风险评估，并将征收范围、土地现状、征收目的、补偿标准、安置方式和社会保障等在拟征收土地所在的乡（镇）和村、村民小组范围内公告至少三十日，听取被征地的农村集体经济组织及其成员、村民委员会和其他利害关系人的意见。多数被征地的农村集体经济组织成员认为征地补偿安置方案不符合法律、法规规定的，县级以上地方人民政府应当组织召开听证会，并根据法律、法规的规定和听证会情况修改方案。拟征收土地的所有权人、使用权人应当在公告规定期限内，持不动产权属证明材料办理补偿登记。县级以上人民政府应当组织有关部门测算并落实有关费用，保证足额到位，与拟征收土地的所有权人、使用权人就补偿、安置等签订协议；个别难以达成协议的，应当在申请征收土地时如实说明。相关前期工作完成后，县级以上人民政府方可申请征收土地。

第四十八条　征收土地应当给予公平、合理的补偿，保障被征地农民原有生活水平不降低、长远生计有保障。征收土地应当依法及时足额支付土地补偿费、安置补助费以及农村村民住宅、其他地上附着物和青苗等的补偿费用，并安排被征地农民的社会保障费用。征收农用地的土地补偿费、安置补助费标准由省、自治区、直辖市通过制定公布区片综合地价确定。制定区片综合地价应当综合考虑土地原用途、土地资源条件、土地产值、土地区位、土地供求关系、人口以及经济社会发展水平等因素，并至少每三年调整或者重新公布一次。征收农用地以外的其他土地、地上附着物和青苗等的补偿标准，由省、自治区、直辖市制定。对其中的农村村民住宅，应当按照先补偿后搬迁、居住条件有改善的原则，尊重农村村民意愿，采取重新安排宅基地建房、提供安置房或者货币补偿等方式给予公平、合理的补偿，并对因征地造成的搬迁、临时安置等费用予以补偿，保障农村村民居住的权利和合法的住房财产权益。县级以上地方人民政府应当将被征地农民纳入相应的养老等社会保障体系。被征地农民的社会保障费用主要用于符合条件的被征地农民的养老保险等社会保险缴费补贴。被征地农民社会保障费用的筹集、管理和使用办法，由省、自治区、直辖市制定。

第五十一条　大中型水利、水电工程建设征收土地的补偿费标准和移民安置办法，由国务院另行规定。

2.《中华人民共和国土地管理法实施条例》相关法律规定

第二十六条　土地补偿费归农村集体经济组织所有；地上附着物及青

苗补偿费归土地上附着物及青苗的所有者所有。

征收土地的安置补助费必须专款专用，不得挪作他用。需要安置的人员由农村集体经济组织安置的，安置补助费支付给农村集体经济组织，由农村集体经济组织管理和使用；由其他单位安置的，安置补助费支付给安置单位；不需要统一安置的，安置补助费发放给安置人员个人或者征得被安置人员同意后用于支付被安置人员的保险费用。

市、县和乡（镇）人民政府应当加强对安置补助费使用情况的监督。

3.《国务院关于深化改革严格土地管理的决定》相关规定

第三条第十二款　完善征地补偿办法。县级以上地方人民政府要采取切实措施，使被征地农民生活水平不因征地而降低。要保证依法足额和及时支付土地补偿费、安置补助费以及地上附着物和青苗补偿费。依照现行法律规定支付土地补偿费和安置补助费，尚不能使被征地农民保持原有生活水平的，不足以支付因征地而导致无地农民社会保障费用的，省、自治区、直辖市人民政府应当批准增加安置补助费。土地补偿费和安置补助费的总和达到法定上限，尚不足以使被征地农民保持原有生活水平的，当地人民政府可以用国有土地有偿使用收入予以补贴。省、自治区、直辖市人民政府要制订并公布各市县征地的统一年产值标准或区片综合地价，征地补偿做到同地同价，国家重点建设项目必须将征地费用足额列入概算。大中型水利、水电工程建设征地的补偿标准和移民安置办法，由国务院另行规定。

第三条第十三款　妥善安置被征地农民。县级及以上地方人民政府应当制定具体办法，使被征地农民的长远生计有保障。对有稳定收益的项目，农民可以经依法批准的建设用地土地使用权入股。在城市规划区内，当地人民政府应当将因征地而导致无地的农民，纳入城市就业体系，并建立社会保障制度；在城市规划区外，征收农民集体所有土地时，当地人民政府要在本行政区域内为被征地农民留有必要的耕作土地或安排相应的工作岗位；对不具备基本生产生活条件的无地农民，应当异地移民安置。劳动和社会保障部门要会同有关部门尽快提出建立被征地农民的就业培训和社会保障制度的指导性意见。

第三条第十四款　健全征地程序。在征地过程中，要维护农民集体土地所有权和农民土地承包经营权的权益。在征地依法报批前，要将拟征地的用途、位置、补偿标准、安置途径告知被征地农民；对拟征土地现状的调查结果需经被征地农村经济组织和农户确认；确有必要的，国土资源部门应当依照有关规定组织听证。要将被征地农民知情、确认的有关材料作为征地报批的必备材料。要加快建立和完善征地补偿安置争议的协调和裁决机制，维护被征地农民和用地者的合法权益。经批准的征地事项，除特殊情况外，应予以公示。

第三条第十五款　加强对征地实施过程监管。征地补偿安置不落实的，不得强行使用被整土地。省、自治区、直辖市人民政府应当根据土地补偿费主要用于被征地农户的原则，制订土地补偿费在农村集体经济组织内部的分配办法。被征地的农村集体经济组织应当将征地补偿费用的收支和分配情况，向本集体经济组织成员公布，接受监督。农业、民政等部门要加强对农村集体经济组织内部征地补偿费用分配和使用的监督。

4.《关于印发〈关于完善征地补偿安置制度的指导意见〉的通知》的相关规定

第一条　关于征地补偿标准

（一）统一年产值标准的制订。省级国土资源部门要会同有关部门制定省域内各县（市）耕地的最低统一年产值标准，报省级人民政府批准后公布执行。制订统一年产值标准可考虑被征收耕地的类型、质量、农民对土地的投入、农产品价格、农用地等级因素。

（二）统一年产值倍数的确定。土地补偿费和安置补助费的统一年产值倍数，应按照保证被征地农民原有生活水平不降低的原则，在法律规定范围内确定；按法定的统一年产值倍数计算的征地补偿安置费用，不能使被征地农民保持原有生活水平，不足以支付因征地而导致无地农民社会保障费用的，经省级人民政府批准应当提高倍数；土地补偿费和安置补助费合计按30倍计算，尚不足以使被征地农民保持原有生活水平的，由当地人民政府统筹安排，从国有土地有偿使用收益中划出一定比例给予补贴。经依法批准占用基本农田的，征地补偿按当地人民政府公布的最高补偿标准执行。

（三）征地区片综合地价的制定。有条件的地区，省级国土资源部门可会同有关部门制订省域内各县（市）征地区片综合地价，报省级人民政府批准后公布执行，实行征地补偿。制订区片综合地价应考虑地类、产值、土地区位、农用地等级、人均耕地数量、土地供求关系、当地经济发展水平和城市居民最低生活保障水平等因素。

（四）土地补偿费的分配。按照土地补偿费主要用于被征地农户的原则，土地补偿费应在农村集体经济组织内部合理分配。具体分配办法由省级人民政府制定。土地被全部征收，同时农村集体经济组织撤销建制的，土地补偿费应全部用于被征地农民生产生活安置。

第二条　关于被征地农民安置途径

（五）农业生产安置。征收城市规划区外的农民集体土地，应当通过利用农村集体机动地、承包农户自愿交回的承包地、承包地流转和土地开发整理新增加的耕地等，首先使被征地农民有必要的耕作土地，继续从事农业生产。

（六）重新择业安置。应当积极创造条件，向被征地农民提供免费的劳动技能培训，安排相应的工作岗位。在同等条件下，用地单位应优先吸收被征地农民就业。征收城市规划区内的农民集体土地，应当将因征地而导致无地的农民，纳入城镇就业体系，并建立社会保障制度。

（七）入股分红安置。对有长期稳定收益的项目用地，在农户自愿的前提下，被征地农村集体经济组织经与用地单位协商，可以以征地补偿安置费用入股，或以经批准的建设用地土地使用权作价入股。农村集体经济组织和农户通过合同约定以优先股的方式获取收益。

（八）异地移民安置。本地区确实无法为因征地而导致无地的农民提供基本生产生活条件的，在充分征求被征地农村集体经济组织和农户意见的前提下，可由政府统一组织，实行异地移民安置。

第三条：关于征地工作程序

（九）告知征地情况。在征地依法报批前，当地国土资源部门应将拟征地的用途、位置、补偿标准、安置途径等，以书面形式告知被征地农村集体经济组织和农户。在告知后，凡被征地农村集体经济组织和农户在拟征土地上抢栽、抢种、抢建的地上附着物和青苗，征地时一律不予补偿。

（十）确认征地调查结果。当地国土资源部门应对拟征土地的权属、地类、面积以及地上附着物权属、种类、数量等现状进行调查，调查结果应与被征地农村集体经济组织、农户和地上附着物产权人共同确认。

（十一）组织征地听证。在征地依法报批前，当地国土资源部门应告知被征地农村集体经济组织和农户，对拟征土地的补偿标准、安置途径有申请听证的权利。当事人申请听证的，应按照《国土资源听证规定》规定的程序和有关要求组织听证。

第四条　关于征地实施监管

（十二）公开征地批准事项。经依法批准征收的土地，除涉及国家保密规定等特殊情况外，国土资源部和省级国土资源主管部门通过媒体向社会公示征地批准事项。县（市）国土资源部门应按照《征收土地公告办法》规定，在被征地所在的村、组公告征地批准事项。

（十三）支付征地补偿安置费用。征地补偿安置方案经市、县人民政府批准后，应按法律规定的时限向被征地农村集体经济组织拨付征地补偿安置费用。当地国土资源部门应配合农业、民政等有关部门对被征地集体经济组织内部征地补偿安置费用的分配和使用情况进行监督。

（十四）征地批后监督检查。各级国土资源部门要对依法批准的征收土地方案的实施情况进行监督检查。因征地确实导致被征地农民原有生活水平下降的，当地国土资源部门应积极会同政府有关部门，切实采取有效措施，多渠道解决好被征地农民的生产生活，维护社会稳定。

5.《中华人民共和国森林法》相关规定

第十四条　森林资源属于国家所有，由法律规定属于集体所有的除外。

国家所有的森林资源的所有权由国务院代表国家行使。国务院可以授权国务院自然资源主管部门统一履行国有森林资源所有者职责。

第十五条　林地和林地上的森林、林木的所有权、使用权，由不动产登记机构统一登记造册，核发证书。国务院确定的国家重点林区（以下简称重点林区）的森林、林木和林地，由国务院自然资源主管部门负责登记。

森林、林木、林地的所有者和使用者的合法权益受法律保护，任何组织和个人不得侵犯。

森林、林木、林地的所有者和使用者应当依法保护和合理利用森林、林木、林地，不得非法改变林地用途和毁坏森林、林木、林地。

第六十六条　县级以上人民政府林业主管部门依照本法规定，对森林资源的保护、修复、利用、更新等进行监督检查，依法查处破坏森林资源的违法行为。

6.《中华人民共和国城乡规划法》相关规定

第十八条　乡规划、村规划应当从农村实际出发，尊重村民意愿，体现地方和农村特色。

乡规划、村庄规划的内容应该包括：规划区范围，住宅、道路、供水、排水、供电、垃圾收集、畜禽养殖场所等农村生产、生活服务设施、公益事业等各项建设的用地布局、建设要求，以及对耕地等自然资源和历史文化遗产保护、防灾减灾等的具体安排。乡规划还应当包括本行政区域内的村庄发展布局。

第二十二条　乡、镇人民政府组织编制乡规划、村庄规划，报上一级人民政府审批。村庄规划在报送审批前，应当经村民会议或者村民代表会议讨论同意。

第二十八条　地方各级人民政府应当根据当地经济社会发展水平，量力而行，尊重群众意愿，有计划、分步骤地组织实施城乡规划。

第二十九条　城市的建设和发展，应当优先安排基础设施以及公共服务设施的建设，妥善处理新区开发与旧区改建的关系，统筹兼顾进城务工人员生活和周边农村经济社会发展、村民生产和生活的需要。

城镇的建设和发展，应当结合农村经济社会发展和产业结构调整，优先安排供水、排水、供电、供气、道路、通信、广播电视等基础设施和学校、卫生院、文化站、幼儿园、福利院等公共服务设施的建设，为周边农村提供服务。

（二）世界银行有关非自愿移民的政策

除我国政府外，世界银行也针对非自愿移民的安置问题出台了一系列的政策和策略，我国大中型水利水电项目的移民安置政策就是吸收了世界银行的移民安置项目理念，并根据我国的实际国情作出相应调整而制定的，且在世界银行政策的基础上更加体现了可操作性。

1. 世界银行移民安置政策目标

世界银行非自愿移民安置政策主要包括以下目标。

（1）探讨一切可行的项目设计方案，以尽可能避免或减少非自愿移民。

（2）如果移民不可避免，移民活动应作为可持续发展方案来构思和执行。应提供充足的资金，使移民能够分享项目的收益。应与移民进行认真的协商，使他们有机会参与移民安置方案的规划和实施。

（3）应帮助移民提高生计和生活水平，至少使其真正恢复到搬迁前或项目开始前的较高水平。

2. 世界银行移民安置要求的措施

移民安置行动计划或移民安置政策框架采取以下措施。

（1）确保移民被告知自己在移民安置问题上的选择权和其他权利。

（2）确保移民了解技术上和经济上的可行的方案，参与协商，并享有选择的机会。

（3）确保移民按全部重置资本，获得迅速有效的补偿，以抵销由项目造成的直接财产损失。

（4）如果影响包括搬迁，则移民安置行动计划或移民安置政策框架应采取相应措施，确保移民在搬迁期间获得帮助（如搬迁补贴）。

（5）获得住房或宅基地，或根据要求获得农业生产场所。对于靠土地为生的移民，应当优先考虑依土安置战略，向移民提供土地的生产潜力、位置优势及其他综合因素应等同于征收土地前的有利条件；如果移民并没有将获取土地作为优先考虑的方案，除了土地和其他财产损失的现金补偿外，还应提供以就业和自谋生计机会为主的离土安置方案。

（6）确保移民搬迁后，根据恢复生计和生活水平可能需要的时间，合理估算出过渡期，在此过渡期内获得帮助。

（三）移民安置政策相关研究述评

随着水库移民后期扶持政策的有序实施，对后扶政策作用机理的梳理，对传导路径的效率的研究成为当前学术界和相关职能部门亟须解决的问题。

近些年学者对于水库移民后扶效果的研究颇多，研究方法和角度呈现多样化。其中，嵇雷、巨英（2011）等运用模糊综合评价以湖北咸宁市为例，对大中型水库移民后期政策效果进行评价；陈昱等（2011）通过建立 Logistic 模型，对四川、湖南、湖北三省的水库移民安置区居民的土地流转意愿进行了实证分析；姜茫、陈弥（2013）以遂宁市为调查对象，对水库移民进行抽样调查，分别从后扶政策的实施对移民收入、生产生活水平等的影响做分析；徐鑫等（2015）运用人工神经网络对北京市各个区县水库移民进行后扶政策效果分析；李居英（2016）利用熵值法分析，通过对江西省水库移民村的实地调研，对水库移民后期扶持政策进行效果研究；邱元锋等（2016）运用 Logistic 回归模型对湖北丹江口等三个不同类型水库移民进行满意度和影响因素研究。

已有的研究多是针对后扶政策的绝对影响作评价，对于后扶政策效率的研究并不多，运用数据包络分析法（DEA）进行效率研究的更是少之又少。水库移民后期扶持政策对移民生产生活的影响具有一定的作用机理和传导路径，对后扶政策效率的研究必须以传导机制和路径为基础分阶段测算，不仅是对政策作用机理和传导路径的验证，同时也利于寻找政策的实施效率洼地，从而有针对性的改革和完善，实现精准扶持。基于此本书以安阳县南海水库 8 个移民安置村为调查样本，在对样本户监测调研的基础上，运用后扶政策对家庭收入，以及家庭收入对生活质量影响的两阶段 DEA 模型测算水库移民后扶政策综合效率，并进行综合效率的分解研究，剖析政策实施效率低下成因，并提出可行性建议，以期进一步完善水库移民后扶政策。

第四节　相关研究简评

一、工程移民生存质量理论的主要贡献

工程移民生存质量分析是人口发展、生计资本管理理论在动态变动的环境中发展出来的新的理论分支，是对传统人口学、社会学理论的突破和拓展，生存质量理论具有众多的贡献和创新处，主要表现在以下方面。

（1）工程移民生存质量理论以生计资本为核心，但研究范围超越了生计资本。

贫困人口生计问题一直是理论界关注的重点，自英国国际发展署提出了生计资本衡量框架后，研究主要集中在以该框架为基础的生计资本存量

衡量上，采用适当的指标构架，即自然资本、物质资本、人力资本、金融资本和社会资本五部分的生计资本指标体系，并采用适当的数学方法进行指标值的计算。生态移民生存质量问题的研究以生计资本的研究为基石，通过构建生计资本指标体系衡量和测算目标群体的生存基础，但是生态移民生存质量的内容又超越生计资本，还囊括了可持续发展竞争力分析，移民生存基础的变动和长期发展的动力探究，以及可持续发展竞争力构建的政策保障等问题。

（2）工程移民生存质量分析不仅关注移民的经济结构，更加关注移民的社会网络。

早期关于工程移民生存质量的分析以移民的经济资本为主要研究对象，重点分析移民在搬迁前后生产生活条件的改变、家庭物质资产和金融资产的变动情况，以及对政府及社会团体的扶持政策和措施的实施效果评价。后期工程移民生存分析不断向移民搬迁前后社会网络关系的改变转移，通过多种研究方法对工程移民社交关系的变化、产生的影响，以及作用发挥的方式进行研究，并普遍认为工程移民社会关系网络的重新构建对经济关系网络的构建具有积极作用。

（3）研究重点向生计资本要素的作用机理和生存质量提升路径上转变。

传统贫困人口生计资本研究偏重于对生计资本存量的测算和结构分析，重点在于指标体系的完整性和测算方法的科学性，主要采取市场调研的方式进行样本户的选取和数据的搜集，研究结果主要用于解释样本户生计资本的变动，以及结构关系。当前生态移民生存质量分析在生计资本探析的基础上，转向对生计资本要素间作用机理的分析，并通过复杂网络等分析工具，探求要素间的作用路径，以路径分析为基础提出提升生存质量的可行性策略和方案规划。

二、移民安置政策国际比较

我国的土地征收政策与世界银行的非自愿移民政策目标是一致的，都要保证移民生活水平不降低、长远生计有保障，都要求优先选择农业安置方式，并强调公共参与、信息公开；但是两者在政策适用范围、补偿标准、土地征收文件、对弱势群体的关注程度、移民安置工作的监测评估等方面还存在一定的差异。

（一）相似之处

1. 移民安置目标

（1）国内政策：强调避免或减少非自愿移民，采取前期补偿与后期扶持相结合的办法，使移民生活达到或者超过原有水平——《大中型水利水电工程建设征地补偿和移民安置条例》。

世界银行政策：可行的项目设计方案尽可能避免或减少非自愿移民——《世界银行操作手册 OP4.12》。

（2）国内政策：征地补偿安置方案确定后，有关地方人民政府应当公告，并听取被征地的农村集体经济组织和农民的意见——《中华人民共和国土地管理法》第四十八条。

被征地的农村集体经济组织应当将征收土地的补偿费用的收支状况向本集体经济组织的成员公布，接收监督——《中华人民共和国土地管理法》第四十九条。

世界银行政策：如果移民不可避免，移民活动作为可持续发展方案来构思和执行，应提供充分的资金，使移民能够分享项目的效益；与移民进行认真的协商，使他们有机会参与移民安置方案的规划和实施——《世界银行操作手册 OP4.12》。

（3）国内政策：农民生活水平不降低及长远生计有保障作为基本安

置目标和指导原则——《中华人民共和国土地管理法》第四十八条。

完善征地补偿办法。县级以上地方人民政府要采取切实措施，使被征地农民生活水平不因征地而降低。要保证依法足额和及时支付土地补偿费、安置补助费及地上附着物和青苗补偿费——《国务院关于深化改革严格土地管理的决定》第三条第十二款。

世界银行政策：帮助移民努力提高生计和生活水平，至少使其真正回复到搬迁前或项目开始前的较高水平——《世界银行操作手册 OP4.12》。

2. 农业安置模式优先

国内政策：在关于印发《关于完善征地补偿安置制度的指导意见》的通知中，对农业安置模式优先作了规定。

农业生产安置。征收城市规划区外的农民集体土地，应当通过利用农村集体机动地、承包农户自愿交回的承包地、承包地流转和土地开发整理新增加的耕地等，首先使被征地农民有必要的耕作土地，继续从事农业生产。

重新择业安置。应当积极创造条件，向被征地农民提供免费的劳动技能培训，安排相应的工作岗位。在同等条件下，用地单位应优先吸收被征地农民就业。征收城市规划区内的农民集体土地，应当将因征地而导致无地的农民，纳入城市就业体系，并建立社会保障制度。

入股分红安置。对有长期稳定收益的项目用地，在农户自愿的前提下，被征地农村集体经济组织经与用地单位协商，可以以征地补偿安置费用入股，或以经批准的建设用地土地使用权作价入股。农村集体经济组织和农户通过合同约定以优先股的方式获得收益。

异地移民安置。本地区确实无法为因征地而导致无地的农民提供基本生产生活条件的，在充分征求被征地农村集体经济组织和农户意见的前提下，可由政府统一组织，实行异地移民安置。

世界银行政策：对于靠土地为生的移民，应当优先考虑依土地安置战略（Land-based Resettlement Strategies），并且向移民提供土地的生产潜力、位置优势和其他综合因素至少应该等同于征收土地前的有利条件。如果移民并没有将获取土地作为优先考虑的方案，除了土地和其他财产损失的现金补偿外，还应提供以就业或自谋生计机会为主的离土安置方案（None Land-based Options）。

3. 公众参与信息公开

国内政策：市县国土资源部门要严格按照有关规定，征地报批前认真履行程序，充分听取农民意见，征地告知要切实落实到村组和农户，结合村务公开，采取广播、在村务公开栏和其他明显位置公告等方式，多形式、多用途告知征收土地方案——《关于进一步做好征地管理工作的通知》。

在征地依法报批前，要将拟征地的用途、位置、补偿标准、安置途径告知被征地农民；对拟征土地现状的调查结果须经被征地农村集体经济组织和农户确认；确有必要的，国土资源部门应当依照有关规定组织听证。要将被征地农民知情、确认的有关材料作为征地报批的必备材料。要加快建立和完善征地补偿安置争议的协调和裁决机制，维护被征地农民和用地者的合法权益——《国务院关于深化改革严格土地管理的决定》。

确认征地调查结果。当国土资源部门应对拟征土地的权属、地类、面积以及地上附着物权属、种类、数量等现状进行调查，调查结果应与被征地农村集体经济组织、农户与地上附着物产权人共同确认。

组织征地听证。在征地依法报批前，当地国土资源部门应告知被征地农村集体经济组织和农户，对拟征土地的补偿标准、安置途径有申请听证的权利。当事人申请听证的，应按照《国土资源听证规定》规定的程序和有关要求组织听证。

经依法批准征收的土地，除涉及国家保密规定等特殊情况外，国土资源部和省级国土资源部门通过媒体向社会公式征地批准事项。县（市）国土资源部门应按照《征收土地公告办法》规定，在被征地所在的村、组公告征地批准事项——《关于完善征地补偿安置制度的指导意见》。

世界银行政策：在移民安置规划设计和实施过程中征求移民和安置区

居民的意见、邀请移民和安置区居民参与战略安排；归纳总结移民所关心的问题，考虑如何解决；相关的移民安置文件草案要在方便通达的地方发放，语言和风格易于理解和接收。世行要求建立完备的抱怨与申诉机制，要在移民安置计划中详细写明若出现争议该如何解决，包括司法追索程序，以及社区和传统的解决争议的机制。

（二）差异点

1. 适用范围

国内政策：土地征收政策针对的是单一的目标项目，根据各级政府出台的相关政策对目标项目设计实施方案。

仅在区域级出台的文件中笼统写出“本行政区域内依法征收集体土地的，依照本办法进行补偿安置”或“为了公共利益的需要，征收本市国有土地上单位、个人的房屋，对被征收房屋所有权人补偿的，适用本办法”。就目前国内项目征地拆迁及移民安置实施情况来看，土地征收政策的覆盖对象多为直接的征地户和拆迁户。

世界银行政策：包括与世行项目有关系的相关联项目，或是对于实现项目文件中规定的目标是必要的，与项目或计划与项目同期开展的活动。

《世界银行操作手册 OP4.12》第三款指出世界银行非自愿移民政策“涉及的政治经济影响既起因于世行援助的投资项目，同时也是①由于强制性征收土地导致搬迁或丧失住所、失去财产或获取资产的渠道、丧失收入来源或谋生手段；②由于强制性地利用法定公园和保护区，从而对移民生活造成不利影响”。

2. 补偿标准

国内政策：非水利水电项目的土地征收补偿标准为“土地补偿费和安置补助费的综合不得超过土地被征收前三年平均年产值的三十倍”或根据当地的征地综合区片地价确定。

世界银行政策：认定对移民损失的估价和补偿应“依据地方法律拟定

的补偿类型和标准，按重置价（Replacement Cost）补偿移民财产损失”，世行对农业用地的重置价给出了自己的定义，是指被影响土地附近具有相等生产潜力或用途的土地在所在项目之前或移民之前的市场价值，以两者的较高价值计算，加上为达到被影响土地标准的征地费用和一切注册及转让税费。

3. 弱势群体

国内政策：土地征收补偿政策基于征地拆迁可能引起的损失数量进行补偿，没有明确针对弱势群体的帮扶政策。地方政府可能在实施过程中会采取一定的帮扶措施，但是措施往往不成文，各地帮扶措施差异较大。《大中型水利水电工程建设征地补偿和移民安置条例》第十一条写明编制移民安置规划应当尊重少数民族的生产、生活方式和风俗习惯。

世界银行政策：世界银行认为，关注弱势群体是实现其政策目标的重要组成部分，特别是针对处于贫困线以下的人、没有土地的人、老年人、妇女、儿童、少数民族，或可能不会受到国家土地补偿法规保护的人。世界银行认为弱势群体在面临征地拆迁行为时具有诸多脆弱性。世界银行的政策明确要求给予弱势群体额外的帮助，特别是面临严重贫困化影响的家庭。

4. 监测与评估

国内政策：土地征收政策并没有要求对一般项目进行持续的检测与评估。《大中型水利水电工程建设征地补偿和移民安置条例》第五十一条要求国家对大中型水利水电工程移民安置实行全过程监督评估，签订移民安置协议的地方人民政府和项目法人应当采取招标的方式，共同委托有移民安置监督评估专业技术能力的单位对移民搬迁进度、移民安置质量、移民资金的拨付与使用情况以及移民生活水平的恢复情况进行监督评估；被委托方应当将监督评估的情况及时向委托方报告。但对于一般建设项目而言，则无此要求。

世界银行政策：世界银行非自愿移民政策对移民安置监测和评估的要求更为详尽。第一，要求移民实施机构必须安排移民安置监测工作，包含借款方内部监测和委托独立第三方开展外部监测活动；第二，在征地拆迁活动进行之前编写的移民安置计划写明项目监测的目的、内容和指标，作为后期实施监测活动的标准；第三，强调监测过程中移民广泛参与；第四，提交项目监测评估报告有相对固定的频率，一般半年为一个周期，在监测过程全部完成之后，提交项目后评估报告以总结项目征地拆迁过程中的经验和教训，为后续项目提供借鉴。

三、现有研究的不足

生态移民生存质量分析经过多年发展，已经取得较为丰富的研究成果，但总体来看，仍然存在一定的不足之处，主要体现在以下几个方面。

1. 缺乏对生存质量概念的清晰界定

目前国内生存质量较多用于医学上的特定群体研究，而针对贫困群体的研究相对较少。本质上而言，生存质量是社会学研究的基本概念之一，目前学者多用生计资本概念研究贫困群体，而对其上一层次的生存质量概念界定较少，也相对较为模糊，因此迫切需要对社会学研究领域内的生存质量给予较为清晰的内涵、构成维度和外延界定。

2. 缺乏对生态移民生存质量数据的深度开发和研究

目前生态移民生存质量研究多数采取调研的方式获得数据，然而对数据的开发和挖掘层次较浅，往往采用综合指标评价方法进行综合指数的测算，以及回归模型探究影响因素对生存质量的作用强度和方向。在大数据科学蓬勃发展的当下，未能很好地将大数据分析技术应用到生态移民的生存质量分析上，以及生计资本影响因素的复杂网络构建上。因此，对生计资本影响因素的作用机理，以及生态移民生存质量提升路径的分析缺乏科学依据，相对较为薄弱。

3. 生态移民生存质量的变动分析研究较为缺乏

基于目前国内学者和研究机构的限制，未能做到移民户的跟踪式调查，因此，即使能够对某个行政区域做到连续年度的监测，也无法做到对同一样本户的连续监测。而移民生存质量分析是以样本户为基本单位，因此年度的变化无法精确衡量，尤其是社会网络关系的变动，更是无法获得，因此对这方面的研究和分析相对最为缺乏。

第五节　本章小结

本章对库区移民生存质量相关研究进行综述和评价。首先科学界定“生存质量”的概念和应用领域；其次以“生计资本”为中心，对其概念和统计范畴进行界定，并对国内近些年相关研究进行综述；再次从库区移民社会融合、经济融合两个维度对库区移民生存质量的相关研究进行梳理，并且归纳和汇总了我国现行的库区移民的扶持与安置政策，以及世界银行对非自愿移民安置的相关政策；最后在以上分析的基础上对已有相关研究进行简评，阐述工程移民生存质量理论的主要贡献，对移民安置政策进行国际比较，并提出现有研究的欠缺之处。

第三章　库区移民生存质量研究框架与理论假设

第一节　相关术语界定

一、生存质量

生存质量，又称生活质量、生命质量，是学术界公认的衡量社会发展的重要指标。美国制度经济学家加尔布雷思在《丰裕社会》中首次提出了生存质量的概念，他指出“生存质量”是指人类生活舒适和便利的程度，精神上享受和获得乐趣的程度。国内外学者针对生存质量也进行了大量研究，但是由于生存质量概念涉及经济、文化、政治、宗教等主观和客观方面的因素，虽然学术研究在不断丰富和深入，但学术界还未达成较为统一的概念和衡量标准。

根据解释维度的不同，生存质量的概念可分为主观和客观两个方面。

1. 生存质量的客观概念

客观方面的生存质量主要指生活条件的综合评价，生活条件与生存质量呈正向作用关系：生活条件改善，生存质量提升。米切尔（Mitchell）

从健康、实际环境、自然资源、个人发展及安全四个方面衡量生存质量。荷兰国际公众健康暨环境学会将生存质量定义为生活的实际物质和非物质设备，包括健康、居住环境、合法与公平、工作等。

2. 生存质量的主观概念

随着社会学者和经济学者对生存质量和社会发展研究的深入，生存质量的主观条件逐渐得到重视。总体上看，主观视角下的生存质量，偏重于生活满意度和幸福感的衡量。梅贝尔格（Meeberg，1993）认为生存质量是个人对自己整体生活的满意程度，自己对生理、心理、社会和情绪管理各方面的接受程度。费兰斯和鲍尔斯（Ferrans & Powers，1992）认为生存质量就是幸福感的感受，代表一种整体性生活状态评价。生存质量、生活满意度和幸福感均是主观感受，常常被互用，费兰斯和鲍尔斯认为生活满意度是幸福感的衡量维度之一，幸福感只是广义生活质量的一部分。

综上所述，世界卫生组织（1993）将生存质量定义为：处于一定文化和价值体系中的个体，对于他们的目标、期望、标准，以及所关心的事情和有关的生存状况的感知，包括生理健康、心理状态、独立自主的程度、社会关系、个人信念和对外界环境的适应状态六个方面。在此基础上，学术界对生存质量有了较为统一和准确的定义。

二、生存质量的测度

生存质量的测度是生存质量研究的核心部分，通常通过构建综合评价指标体系来衡量研究对象的生存质量状况。生存质量的概念可从客观和主观两个维度厘定，因此对其的测度也从这两个方面进行。

（1）客观角度的生存质量评价指标体系重点对生活方面的客观因素测度，通常使用官方数据，建立包括生活水平（吃、穿、住、用等）、人口密集程度、环境污染等方面的指标体系。

（2）主观方面的生存质量衡量则主要借助于社会调查，通过组织问卷调查、访谈调查等方式，得到受访者对生活的认知、感受，以及情感等方面的感受，多数情况下采用五级或七级量表的形式展开，类似于满意度的调查。

综合考虑客观因素和主观因素，亦可将构建包含主客观指标的综合评价体系。先后有不同学者建立了包含消费水平、消费结构、生活方式、生活感受等各种不同的综合指标体系。世界卫生组织发布的生存质量测定量表（WHOQOL－100）中，包括生理、心理、独立性、社会关系、环境和精神/宗教信仰6个领域的24个方面的指标，还包括1个评价一般健康状况和生存质量的评分。不同地区的学者根据WHOQOL－100，结合本地区的居民生存特征开发简化量表。例如台湾简明版十二届卫生组织生活问卷（WHOQOL－BREF），该问卷根据WHOQOL总部开发的WHOQOL－BREF发展而来，包含测量生存质量及综合自我评估两个部分。生存质量测量指标包含生理健康、心理、社会关系、环境等28个题目。

生存质量的概念涉及个体在主客观多个维度的测度，是一个十分复杂的系统工程。对其的研究要求数据准确，有针对性，目前的研究主要集中于个别群体，且集中于对生存质量的综合衡量，对研究对象的生存状况的刻画，以及主客观因素之间的作用机理、生存质量的提升路径的研究偏少偏弱。本书认为，要解决这个问题，首先要明确生存质量的影响因素，且本书主要研究库区移民的生存质量，该群体属于弱势贫困群体，因此先要明确生计资本的相关概念。

三、生计资本

“生计”概念最早由一些国际机构提出，用来解释贫困现象的发生和原因，生计资本则是贫困人口生计问题分析框架的核心。在大多数研究人员和研究机构中，英国国际发展署（Department for International Development，DFID）提出的可持续生计分析框架使用最为广泛。DFID提出的分析框架中，农户的生计资本由自然资本、人力资本、物质资本、社会资本和金融资本五个部分组成，其各部分资本所对应的具体内容见表3－1。

表3－1　　　　农户生计资本指标体系（DFID）

生计资本类型	衡量内容
自然资本	土地与产出、水资源、树木和林产品、野生动物、野生食物、环境等
人力资本	健康、教育、知识与技能、劳动能力、适应变化能力、劳动力数量等
物质资本	基础设施（道路、安全的住所、饮水与卫生设施、能源、通信），工具与技术（生产工具、设备、种子、肥料、农药、传统技术等）
社会资本	社会关系和联系（亲戚、邻居、朋友），信任和互助关系，正式和非正式的组织、团体、公共准则和约束力，参与决策的机制等
金融资本	储蓄、贷款和借债、养老金、工资或报酬

在DFID的分析框架下，国内外学者对生计问题的研究不断深入，主要体现在两个方面：一是通过生计资本的衡量和评估，进行贫困问题的研究，探究贫困形成的原因，以及合理的贫困解决途径；二是与其他理论相结合，对不同致贫原因的贫困户的生计状况、生计资本影响因素等方面进行有益探索和创新发展，尤其国内学者对移民的生存问题和生计资本进行了大量的研究。

四、生态移民

（一）生态移民的定义

生态移民是一种人口迁移活动，其概念最早由美国人考尔斯提出，他将人类的区域迁移与生态学相结合，研究移民问题。当代理论界常用人口迁移理论来研究生态移民问题。其中，实体人口学理论主要研究人口的规模与结构、地域分布特征、人口出生率与死亡率等人口变迁特征；人口社会学理论将人口迁移定义为改变社区环境并相对永久性地改变居住地的人口空间移动，其主要研究迁移的原因、搬迁时间和迁入地区的选择问题。目前学术界尚未形成统一的“生态移民”概念，常常将“易地搬迁”“扶贫搬迁”等概念用来进行生态移民的研究。

（二）生态移民的分类

按照不同的分类标准，生态移民可以划分为不同的种类。

1. 按照主导对象不同分类

按照主导对象不同，生态移民分为自发型生态移民和政府主导型生态移民。

自发型生态移民是指由于生态环境恶化造成生产、生活困难而不得不离开原居住地到外地谋生的一种迁移活动以及迁移人口，这种类型的移民主要体现了生态移民的原因；

政府主导型生态移民是指政府有组织地把生态恶化地区或自然保护区的人口迁移出来，以恢复和保护生态环境为主要目的，同时兼顾扶贫和提高经济收入的迁移活动以及迁移人口，这种类型的移民，既体现了生态移民的原因，也体现了生态移民的目的。

如果我们在广义和狭义的层面理解生态移民，广义的生态移民包括以上两种类型，而狭义的生态移民仅指政府主导的生态移民。

库区移民是政府主导型生态移民中的一种类型，结合生态移民以及生态移民工程方面的研究，本书认为库区移民是一项系统工程，是指由于水利水电工程的建设，在政府参与并起主导作用的前提下，以恢复生态脆弱区的环境为目的，将处于水库建设区域的生计脆弱、资源禀赋贫乏的贫困人口从生态脆弱区域迁出，并迁入生态资源、经济发展、社会发展较为完善的区域。所以，库区移民工程兼具生态环境保护和脱贫攻坚的双重目标，通过库区移民工程，使得移民获得更多的生计来源，实现人口、经济、社会的充分融合和可持续发展。

2. 按照决定权属不同分类

按照决定权属不同，生态移民分为自愿生态移民与非自愿生态移民，或叫非强制生态移民与强制生态移民。

自愿与非自愿的分类是一种最常用的移民分类法。这种分类法同样也适用于生态移民的分类。这种分类不是根据移民是否愿意迁移，而是根据移民对自己的迁移行为是否有决定权。如果一项生态移民工程中，移民自己能选择或决定是否迁移，就是自愿生态移民；如果对迁移没有选择余地，就是非自愿生态移民。

3. 按照迁移属性不同分类

按照迁移属性不同，生态移民分为整体迁移生态移民与部分迁移生态移民。

如果原居住地社区全部人口整体搬迁到新的地方，叫整体迁移生态移民；原居住地社区只有一部分人口迁移出来的叫部分迁移生态移民。这种分类是根据迁出地社区结构是否完整地带到了迁入地的角度进行分类的。社区整体迁移的优点在于原有社会关系、基层组织，还有大部分原有文化可以保留下来，移民比较容易适应新的生产生活环境，同时对迁出地生态环境的保护和改善更为彻底。从理论上来说，这种生态移民类型，可以是自愿的，但是实际上整体迁移多发生在自然保护区和禁牧区，因此多为非自愿的生态移民。

4. 按照迁移产业不同分类

按照迁移产业不同，生态移民分为牧转农业型、舍饲养畜型、非农牧业型和产业无变化型等。

牧转农业型生态移民是指原来从事传统畜牧业的牧民迁移到政府开发的农业开发区从事农业生产的迁移类型；舍饲养畜型生态移民虽然保留了畜牧业生产方式，但由传统的放牧生产方式改为舍饲圈养的生产方式；非农牧业型生态移民是指迁移后不再从事农牧业生产经营的迁移类型，产业无变化型生态移民是指迁移前后移民从事的产业无明显变化的迁移类型。

我国生态移民的安置模式主要分为集中安置、分散安置及外迁安置。

集中安置主要指建设移民的农村居民点，通常采用移民新村形式；分散安置主要指对生态移民采取插花分散方式进行安置，将移民分散到已经存在的村庄；外迁安置特指将处于库区生态屏障带等需要生态移民的农户，通过协调，安置在其他省域，相对而言迁移距离较长、迁移范围较广。

第二节　库区移民生存质量构成要素

一、生态移民的生计改变

（一）生计资本的影响

生态移民也称环境移民（Environmental Migration），是指原居住在自然保护区、生态环境遭严重破坏地区、生态脆弱区，以及自然环境条件恶劣、基本不具备人类生存条件的地区的人口，搬离原来的居住地，在另外的地方定居并重建家园的人口迁移。

随着我国“三峡”水利工程、“南水北调”水利工程等大型工程的实施，以及各地区大型、中型水库的建设，为了保证库区的正常建设，产生了大量的生态移民，在本书中也称为库区移民。为了保证库区生态移民工程的顺利实施，通常采用集中安置、分散安置、外迁安置的方式对库区移民进行外迁和安置。

库区生态移民工程会明显改变库区移民的生计资本总量和结构。库区移民原居住地由于在水库水线之下，不再适宜居住，不论采用何种移民安置方式，都意味着库区移民需要外迁到异地，只不过不同的移民安置方式对移民生计资本的影响不同。

（1）若采用分散安置的方式，对生态移民采取插花分散安置，移民作为新增人口迁入到已经存在的村落或社区之中，国家通过征用、租用、调剂土地等方式，将土地承包给生态移民长期经营。在这种安置方式下从生计资本的角度看，住宅、耕地重新配置，与迁入地居民享受相同的基础设施资源，移民的自然资本和物质资本会得到明显改善。对于移民而言，一方面，原居住地通常交通不便，迁入地在对外交通和信息流动上都较为优越，因此移民及其家人可以接受更多的教育、医疗服务，得到更多的信息和金融资源，因此人力资本和金融基本也会有所提升；另一方面，由于插花式安置，意味着该种方式下移民会进入到一个完全陌生的人际环境中，移民首先要克服人际关系的难关，如何与新的邻居交往，如何参与到集体生活中，并获得相对公平、合理的待遇，享受到应有的权利等，均是库区移民面临的社会资本的影响和挑战。

（2）若采用集中安置方式，库区移民通常会建设移民新村等农村居民点，政府采取征用、租用、调剂土地等方式，将土地承包给生态移民经营，继续实行家庭承包责任制，使移民有长期稳定的经营权。这种安置方式下，库区移民的自然资本、物质资本、人力资本、金融资本均会得到明显的提升。与分散安置方式不同的是，由于集中安置，整村迁移，移民的社会环境并未发生很大的变化，因此社会资本的变动主要体现在与移民新村之外的社会资源的交换和流动，以及如何构建更加外向化的复杂社会网络。

综上所述，不论采用哪种安置方式，生态移民工程引起的安置地迁移，会在一定程度上增加库区移民的生计资本总量，优化库区移民生计资本的结构。

（二）生计方式的影响

1. 安居成本和生活成本相应变化

水库移民属于政府主导型生态移民形式，在搬迁过程中，政府提供新的宅基地和居住房屋，并承担了大部分的搬迁成本，但对移民而言，一方面，购置家具、生活必需品等基础设施，仍然需要承担一部分的安居成本；另一方面，安置地更加便利的居住环境，也意味着生活条件的改善和生活成本的增长，原先不需要购买的生活消费品现在需要购置，原来使用等级和质量较低的消费品，现在升级到更高的层次，这些变动都会带来库区移民生活品质的提升和生活成本的增加。

2. 收入来源和收入结构变化

库区生态移民改善了移民的生产生活条件，迁移到新的居住地后，原有的资源壁垒被全部或部分打破，移民家庭户能够接收到更多的外部生产生活实体资源和信息资源，从而提升收入水平，优化收入结构。一方面，迁移之前，库区移民多数以务农为主要收入来源，异地迁移后虽然面临农业收入的大量减少，但是由于接触到更多就业资讯和信息，因此可以获得和参与更多的就业渠道，从而获得其他方面的家庭收入。另一方面，政府在移民安置政策和措施中，往往会组织一定的职业和就业培训，从而在一定程度上提升移民户的就业技能，拓宽了移民的就业范围和渠道。因此交通和信息等公共资源的接触，带来了库区移民收入来源的多元化，从而可显著提升移民户的家庭收入。

3. 社会网络更加复杂

库区生态移民安置完全或部分地改变了移民户原有的依托地缘构建的社会关系网络。一方面，在一个新的社会环境里，搬迁移民户的信息获取能力、社交能力和生产积极性在短时期内受到限制。但是随着时间的推移，这种对新环境的陌生感和恐惧感，会随着邻里接触和交流的增多而逐渐消除，从而在原有社会关系网络的基础上继续扩展和深化。另一方面，由于信息渠道的开放和丰富，移民户可以在地缘、血缘、亲缘关系的基础上，进一步开发更多的社会关系和社会资源，从而使得迁移库区移民的社会资本总量和质量不断优化。

二、生计资本构成要素

DFID 提出的可持续生计分析框架是可持续生计问题分析的典型。该分析框架下，生计资本是农户可以利用和维持的所有资本的综合，可持续生计资本分为自然资本、物质资本、人力资本、金融资本和社会资本五部分。

（一）自然资本

自然资本是指农户家庭基本生存条件和自然资源禀赋。对于农户而言，所有的自然资源中，最重要的就是土地。土地的面积大小和质量好坏直接决定了农户的生活收入，因此是农户的基本生活保障。除了土地资源外，农户居住村庄所具有的自然资源状况也决定着农户的自然资本状况。居住村庄的环保状况好，无污染或污染较轻，则村民患病概率就低；居住村庄的地理区位好，离集市较近，则农户生产的农副产品就有比较便利的市场化条件，市场越完善，资产回报率也相应较高；居住村庄有教育机构，或者离教育机构（小学、中学）的距离较近，则农户能够享受到更多相对完善的教育资源等公共服务，人力资本会有所提升。

（二）物质资本

物质资本指家庭总资产，包括住房、耐用消费品、生产经营用固定资产、汽车等。物质资本不仅指各种家庭资产的数量，还衡量家庭资产的质量。住房不仅包括面积，还包括房屋材质，是否危房等信息；耐用消费品主要指电视机、电冰箱、洗衣机等家用电器；生产经营用固定资产主要指农用机械，例如三轮车、脱皮机等。物质资本是衡量家庭生产生活水平的重要依据，同时也是农户抵御各种风险的基础，遇到大病、自然灾害等风险时，物质资本可以转化为收入，有助于农户渡过困难。

（三）人力资本

人力资本是指家庭的人员总量、结构和质量等信息的综合，既包括数量特征，也反映质量特征，是家庭福利的重要影响因素。对于农户而言，家庭人口规模是人力资本的基数，通常家庭劳动力越多的农户，生活条件也相应较好，富裕程度也较高。家庭结构主要包括年龄结构和就业结构。年龄结构是指家庭中劳动力与非劳动力的对比关系，通常未成年人和老年人占家庭总人口比重越大，则人力资本相对越弱，家庭负担也越大；就业结构是指非农就业与务农就业的对比关系，非农就业在一定程度上反映了农户利用人力资本、物质资本和社会资本的能力，且非农就业获得的收入通常高于农业经营收入，因此一个家庭中外出务工的人数越多，家庭收入也相应越高。人力资本质量包括健康状况和教育状况。健康状况不仅指家庭人口的医疗健康情况，而且包括健康保障情况，例如是否参加大病医疗等社会保障项目；教育状况主要是农户的受教育水平，以及接受再教育的程度，是农户学习和掌握科技知识的基础，也是家庭可持续发展的基础。

（四）金融资本

金融资本指农户存贷款、金融可获得性和参与程度等。农户的存款代表了家庭金融资本的总量，农户之间的借款是金融参与程度的一种衡量，通常农户的债权总量越大，说明农户家庭金融资本越多，富裕程度越高。农户从各种正规和非正规渠道的贷款也是农户金融参与程度的表现，虽然贷款非生产性资本，但是可以通过转化成其他形式的资本来应对和抵御风险。农户居住地周边的金融机构数量反映了农户参与金融服务，享受金融服务的便利性。通常金融机构给予农户的贷款种类越多、贷款额度越大，则农户的金融资本也会相应越高。

（五）社会资本

社会资本可通过农户的社会关系网络来反映，农户的社会关系网络包括家庭网络（由血缘关系决定）、朋友网络（由社交关系决定）、邻居网络（由地缘关系决定）。社会关系网络的规模和复杂程度反映了农户社会资本的状况。农户的社会关系网络越复杂，社会资本越多，则在生活和生产过程中，能够利用的资源、获得的信息相应越多，从而可以有效地、及时地抵御风险的出现，并迅速地找到解决方法，减少不利影响。

三、库区移民生计资本构成要素

在 DFID 可持续生计分析框架下，根据我国库区移民生产、生活、社会交往等方面的特征，构建库区移民生计资本构成要素体系，见表 3－2。

表 3－2　　库区移民生计资本构成要素

资本类型	DFID 内容	构成要素
自然资本	土地与产出、水资源、树木与林产品、野生动物、野生食物、环境等	（1）耕地面积，包括水浇地面积和旱地面积； （2）其他（园、林、草）面积； （3）居住地拥有大型水库数量、中型水库数量和小型水库数量
物质资本	基础设施（道路、安全的住所、饮水与卫生设施、能源、通信），工具与技术（生产工具、设备、种子、肥料、农药、传统技术等）	（1）住房面积，包括钢混或砖混面积、砖木面积和其他面积； （2）是否使用冲水式厕所； （3）家庭财产拥有情况，包括电视机、电冰箱、洗衣机、空调、电脑、热水器、电动车、摩托车、小汽车和手机等； （4）生产工具拥有情况，包括三轮车和农用小型机械等； （5）文教卫生情况，是否有村卫生站（室）、村幼儿园或学前班、村小学； （6）通信情况，是否通无线通信信号、是否使用宽带网络； （7）卫生设施，是否有垃圾收集设施、垃圾是否集中处理； （8）娱乐设施，是否有健身场所或器材、亮化照明比重

续表

资本类型	DFID 内容	构成要素
人力资本	健康、教育、知识与技能、劳动能力、适应变化能力、劳动力数量等	(1) 家庭人口数量，包括总人数、劳动力人数和在校生人数等； (2) 受教育情况，包括大学及以上人数、高中学历人数、初中学历人数、小学学历人数和其他学历人数； (3) 劳动技能情况，包括参加创业就业培训人数等； (4) 健康情况，包括住院人数、患有大病人数和患有慢性病人数等
金融资本	储蓄、贷款与借债、养老金、工资或报酬	(1) 家庭收入，包括经营净收入（种植业、林果业、养殖业、第二产业和第三产业收入），工资性收入（全部劳动报酬、福利等），转移净收入（养老金或退休金、移民后扶直补资金、社会救济和补助、政策性生产补贴、政策性生活补贴、报销医疗费、住户之间的赡养费、其他），财产净收入（动产收入、不动产收入、土地收入）； (2) 存贷款情况，包括家庭存款总额、家庭贷款总额和借款总额； (3) 家庭生活消费支出，包括食品烟酒、衣着、居住、生活用品及服务、交通通信、教育文化、医疗保健和其他用品及服务
社会资本	社会关系与联系（亲戚、邻居、朋友），信任与互助关系、正式与非正式的组织、团体、公共准则与约束力、参与决策的机制等	(1) 经济支持，包括移民后扶直补资金、社会救济和补助、政策性生产补贴、政策性生活补贴、报销医疗费、住户之间的赡养费、纳入避险解困人数、建档立卡人数； (2) 情感支持，包括居住在同村的亲戚人数、居住在同一个乡镇的亲戚人数和亲戚中为公务员的人数； (3) 重大事务决策支持，包括是否参与村内公共项目的确定、是否参与村内公共项目的监督、是否向相关部门诉求过问题、诉求过何种问题、反映诉求的渠道种类（村干部、移民局、信访部门、其他）、诉求渠道是否畅通、处理效果是否满意

第三节　库区移民生存质量分析模型与理论假设

一、库区移民生存质量分析模型

本书借鉴诸多生态移民管理的理论观点和分析方法，在对其整合提升的基础上，提出了较为系统的，反映库区生态移民生存质量现状、结构、作用机理和效率的“L－ESE”分析框架模型，也就是可持续生计发展（Sustainable Livelihood Development）视角下的“经济融合（Economic Integration）—社会融合（Social Integration）—效率评价（Efficient Evaluation）”的库区移民生存质量形成与形成机理的分析模型。其中，经济融合网络（Economic Integration Network）的构建是通过将库区移民迁移后的经济类生计资本要素进行分类与汇总，通过复杂网络的分析明确经济资本要素作用关系，厘定经济融合网络形成机理；社会融合网络（Social Integration Network）的构建基于库区移民社会关系和社会资本的特征，通过调查确定社会融合网络的团体性、特殊个体，以及融合度等，梳理库区移民社会融合网络作用机理；效率评价基于政府相关职能部门的库区移民后期扶持政策，依据宏观政策作用发挥基本规律，通过阶段性政策绩效评估，为职能部门的库区移民生存质量提升机制提供设计依据。库区移民生存质量“L－ESE”分析框架模型如图3－1所示。

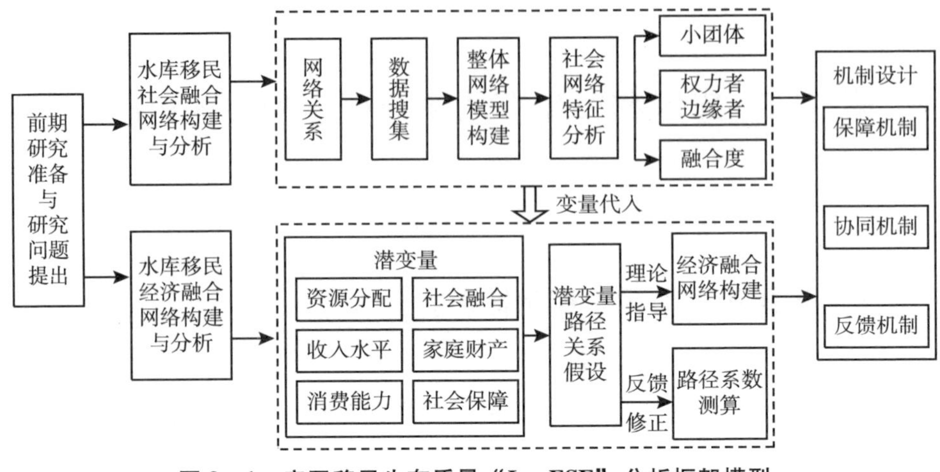

图3-1　库区移民生存质量“L-ESE”分析框架模型

二、经济融合与生存质量

水库生态移民工程的实施，使得库区移民的生活环境发生改变，在所有生计资本中移民的自然资本首先发生改变。由于水库工程的地理区位特殊性，一般的，在库区移民搬迁之前，通常居住在丘陵或山区，自然环境较为恶劣，缺乏平整的、适宜耕种的土地。并且由于地势较高，通常无法获得稳定的农业用水水源支持，农户耕种状态普遍为望天收。在生态移民工程实施后，不论采用何种安置方式，移民的迁入地选择遵循自然禀赋充足、交通便利、基础设施良好的基本原则，故迁入新的居住地后，移民户能够享受与当地居民相同的土地分配政策，并且土地的性质和质量明显优于原居住地，因此迁移后移民户的自然资本普遍好转。在这个维度上，移民户的生存质量有所提升。

随着移民户迁入新的居住环境，其物质资本也相应发生改变。房屋是移民户生存的基本物质资本，迁移前后住房的改变最为明显。迁入新的居住地后，房屋均为政府指导下的新建住房，房屋的质量符合当地农户平均标准，往往优于库区移民之前居住的房屋品质，甚至在一些集中安置的移民新村，房屋质量已经高于当地其他村落的平均水平，库区移民住房基本无危房情况出现。从移民户家庭耐用和非耐用消费品的持有水平看，虽然在迁移过程中，移民户会保留部分原有家具等家庭资产和日常消费用品，但是大部分会选择购置新的替代品，因此不论从质量还是数量上看，移民户家庭资产都有所优化。生活区域基础设施在迁移后也会有所变化，移民原居住地由于交通不便利，往往缺乏幼儿园、小学、医务室等公共服务资源，照明率、垃圾集中处理率、通宽带比率等基础生活设施的普及程度普遍较低，迁入新的居住地或建立移民新村后，这些生产生活基本公共服务资源配备是充足的，移民户可以享受到更多更优质的服务。

在掌握和配置了新的自然资本和物质资本后，库区移民要不断地与外界发生经济资源的交换和流通，从而与迁入地形成经济融合网络。分散安置情况下，一方面，移民户不仅与迁入村原住民之间发生着经济资源的交流活动，还与迁入村原居民之间存在一定的经济资源竞争关系；另一方面，迁入移民作为迁入村整体的一部分，要与迁入村之外的其他村庄进行经济交流和资源争夺。因此，在这个角度，移民户也要与迁入村之外的个体形成更为复杂的经济融合网络。

1. 分散安置方式下库区移民经济融合网络

分散安置方式下，移民迁入村庄内部，由于土地和宅基地资源的有限性，新迁入的库区移民与迁入地原居民之间在自然资本上存在一定的竞争关系；若迁入村有幼儿园、小学等教育资源和医务室等医疗资源时，迁入移民与原居民之间也存在物质资源的竞争关系；由于移民后期扶持政策中，专门有技术培训类项目，因此迁入的库区移民可以享受到专门的农业和其他技术专项培训，在人力资本的这个方面，是不与原居民产生竞争关系的；在资金的借贷关系中，由于社会关系网络还不够坚实，新迁入的库区移民很少能与原居民之间产生资金的往来关系，因此在金融资本的配置上，竞争关系较为薄弱。分散安置方式下库区移民经济融合网络如图 3－2 所示。

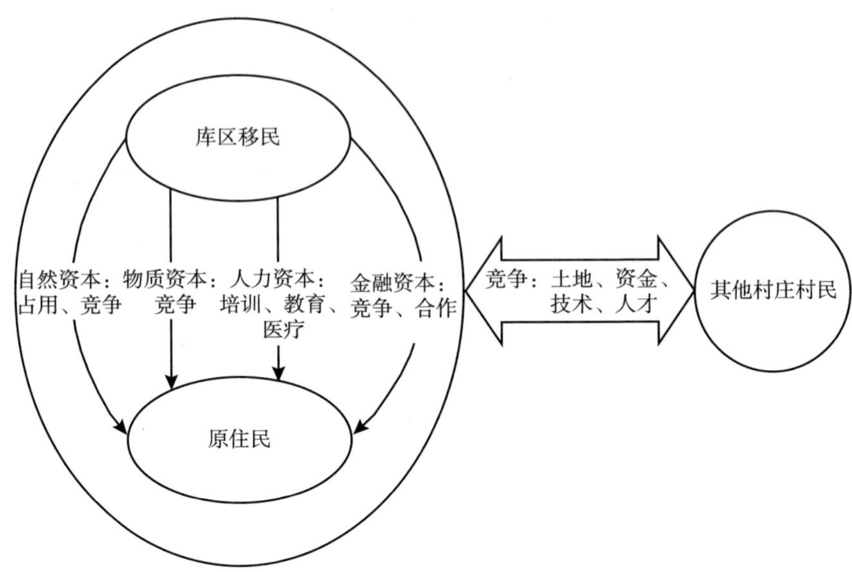

图 3－2　分散安置方式下库区移民经济融合网络

移民迁入新的居住地后，与原居民形成一个整体，与外部仍然在自然资源、物质资源、金融资源等方面存在竞争关系。移民的存在使得迁入村可以申请到后扶项目，移民后扶项目的实施优化了迁入村的生产生活基础设施，移民和原居民共同受益，从而有效地提升收入，增强生存质量竞争力。在这个层面上，移民与迁入村原居民与外界是资源竞争关系，但是在彼此之间体现了合作性。

2. 集中安置方式下库区移民经济融合网络

集中安置方式下，采用整村搬迁的方式，在迁入地建设移民新村，移民新村的居民户基本不发生变化，因此在移民新村内部，移民户之间是彼此熟悉的，经济资源的配置变化不大，新村内部的竞争关系较弱，迁移后经济融合网络与迁移前变化也不大。但是移民新村作为当地新的机构组织，会与其他村庄形成经济资源的竞争关系，通常情况下移民新村与其他村落，以及与外部的经济资源交流也更为密切和频繁，因此其发展相对较快。集中安置方式下库区移民经济融合网络如图 3－3 所示。

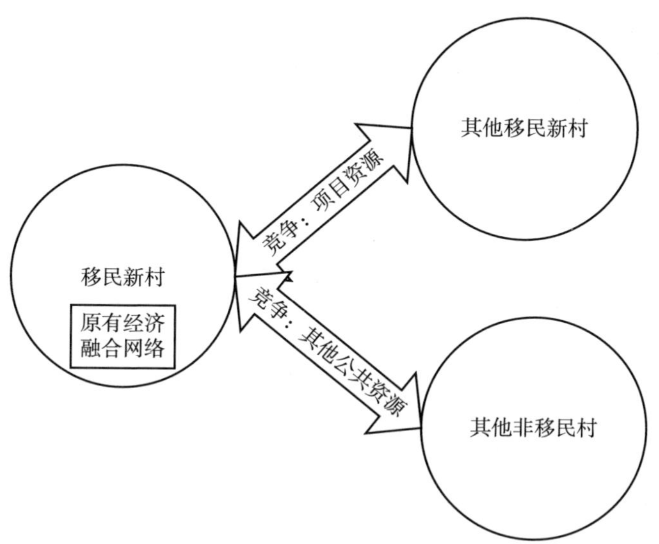

图 3-3　集中安置方式下库区移民经济融合网络

集中安置通常以移民新村的形式实现整村搬迁，因此在移民村内部，已形成的稳定的生计资本网络不会发生较大改变，但是移民新村与外界，尤其是与其他移民新村之间形成了较为强烈的资源竞争关系，主要是移民后扶项目等经济资源的竞争，与非移民新村以外的村落也有一定的竞争关系存在，主要在于公共经济资源的竞争和配置。

综上所述，库区移民在迁移到新的居住地后，通过与居住地内部、居住地外部机构和个人的经济资源交流，实现资源的重新配置，从而形成内部和外部经济融合网络，通过网络的传导机制，优化经济资源，提升库区移民的生存质量。

三、社会融合与生存质量

社会资本是库区移民生计资本中非常重要的一项，也是相对而言较难衡量和评估的一项内容。社会资本主要反映人际关系的状态，移民迁移后，经济环境改变的同时，人际环境也在变化，新的组织机构，新的邻居、朋友等，都会使库区移民面临社会环境改变的挑战。

（1）分散安置方式下，库区移民迁入到新的居住地，通常一个迁入村融入的移民数量不大，这些新迁入的移民由于互相熟悉，往往先形成较为牢固的社会网络，该社会网络是库区移民之间互帮互助的首选，也是信息和咨询流动的主要渠道。同时，随着生活的继续，库区移民形成的社会网络不断与外界进行交流和流通，通过对村内事务参与程度的加深，库区移民与外界之间的沟通渠道不断扩展和深化，原有社会网络外延不断扩张，从而不断进行社会融合。社会融合的程度和优劣决定库区移民寻求信息和咨询的广度与宽度，也由此决定了库区移民在迁入地的生存质量。分散安置方式下库区移民社会融合网络如图 3 –4 所示。

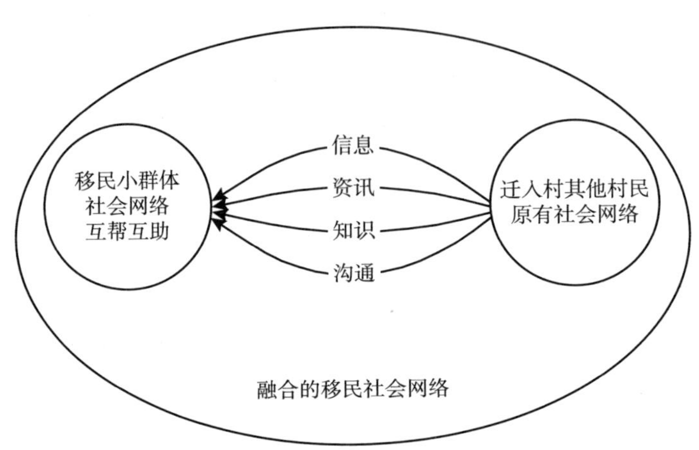

图 3 –4　分散安置方式下库区移民社会融合网络

（2）集中安置方式下，移民之间原来形成的社会网络在迁移过程中并未受到破坏，基本的人际交往和信息沟通渠道仍然畅通和有效。在该种状态下，移民新村作为整体，社会融合过程主要体现在与新村外部社会关系的接触和维持上，这些社会关系既包括亲戚、朋友，也包括与上级领导部门构建的信息沟通渠道。以这种方式构建的更复杂和稳定的社会网络为库区移民融入新的社会环境带来保障，在社会融合网络之中的个体，迁入网络越深，所能得到的便利和咨询也相应越多，从而对生存质量的积极效用也越显著。集中安置方式下库区移民社会融合网络如图 3－5 所示。

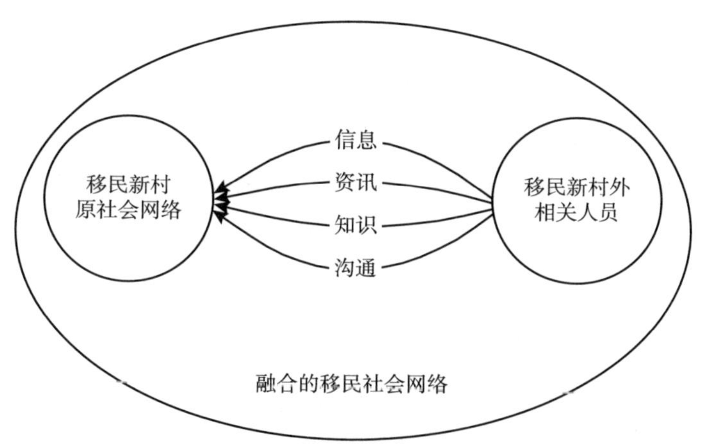

图 3－5　集中安置方式下库区移民社会融合网络

综上所述，库区移民的社会融合反映了移民生存中社会性的特征，主要是信息的流动和交换，随着社会融合程度的加深，移民能够更便利地得到最新的资讯，从而为寻找更为合适的工作岗位、提高家庭收入水平、优化家庭生存质量提供有力的支持和保障。

四、后扶政策与生存质量

（一）工程移民后期扶持发展历程

工程移民是一个特殊的弱势群体，其生产和生计问题一直是全社会关注的重点，在不同的经济和社会发展阶段，国家的工程移民后期扶持政策不断发展，具体可分为三个阶段。

1. 扶贫性后期扶持发展阶段

1981 年 1 月 1 日，中华人民共和国财政部、电力工业部（1998 年已撤销）联合发文，决定从当天起从直属水电站提取库区维护基金，以每度电销售提取 1 厘钱的标准，每年提取 6000 万元的数额，用于解决水库移民的生产和生计问题。该时期，水库移民面临较为严峻的生存问题，并引起了党中央和社会的广泛关注，库区维护基金对于协助库区移民的生存发展至关重要，但是由于当时管理和经济条件的限制，库区基金的普及范围较窄，只适用于中央直属水库的移民，且库区基金的使用范围限制严格，集中解决生计问题，带有明显的扶贫性质，并未用于库区移民可持续生存能力的构建等。

2. 开发性后期扶持发展阶段

这段时期，国家对库区移民后期扶持政策做了扩展和深入，主要措施体现在两个方面。一是 1996 年国务院设立库区建设基金，规定从该年以前建成的水力发电站中，以每度电销售额提取 4 厘钱的标准，构成库区建设基金，主要用于解决 1986 年以前建成的水库移民的遗留问题，以及他们的生计发展。二是 1996 年财政部等部委设立了后期扶持基金，该基金主要用于 1986 ~ 1995 年投产和 1996 年以前国家批准开工的大中型水库、水电站等所产生的移民的扶持和发展。后期扶持基金具有统一的扶持标准和扶持规则，在目前仍然是库区移民所享受的主要扶持政策。

在开发性后期扶持发展阶段，国家对于水库移民的后期扶持政策逐渐完善，扩大了扶持移民的范围，既有老移民，也有新产生的移民。扶持移民范围的扩大带来了扶持政策的复杂性，也引起了一系列关于扶持政策适用范围的讨论。这一阶段后期扶持经费不断增加，经费来源也更加多样化，有采取中央和地方共同承担的方式，并且经费的使用方向更加多样化，除直接补偿的扶贫性质方式外，还增加了就业培训、产业扶持等多种方式，更加注重移民的生存能力培养和建设。

3. 开发与发展相结合的后期扶持发展阶段

从2004年起，国务院、发改委、国土资源部门，各省、区、市相关职能部门针对生态移民相继出台了一系列的安置法律、法规和政策，这些法律、法规和政策明确了工程移民安置的原则、土地所有权和使用权归属，并就征收耕地的补偿费用、补偿方法、监督与监管给予了严格的规定。水库工程移民遵循这样的法律、法规，其中土地补偿费、安置补助费、青苗补偿费、附着物补偿办法和标准与库区移民的生存质量有直接的关系。补偿补助费用的及时准确发放，不仅能够对水库工程移民家庭收入形成有力的补充，还能适当降低库区移民户家庭的生活成本。这些政策实施和执行的程度与完善度，也影响着移民户对政府有关职能部门的态度和印象，进而潜移默化地改变和调整着库区移民的经济网络和社会网络。经济网络和社会网络随着工程移民后期扶持和补偿政策的实施绩效不断优化和调整，最终通过移民的生计资本的相应变化，从而提升或降低工程移民的生存质量发展能力和竞争力。

对于水库工程移民而言，除了上述国家的相关法律、法规和政策外，还辅以其他的扶持和补贴政策。为妥善解决水库移民生产生活困难，促进库区和移民安置区经济社会可持续发展，维护农村社会稳定，经国务院批准，自2006年7月1日起，对全国大中型水库农村移民实行统一的后期扶持政策，即不分水利水电工程移民、新老水库移民、中央水库和地方水库移民，均按照每人每年600元的标准，连续扶持20年。所需资金由中央财政通过电力加价统一筹集，分省安排使用。具体而言，扶持资金的来源较为广泛，包括直补转项目资金和项目扶持资金、中央后扶结余资金/后期扶持基金项目资金、跨省库区基金、省内库区基金、小型水库移民后期扶持基金、中央应急补助资金、避险解困资金等。除了每人每年600元的直补资金外，其余后扶基金均以项目的形式实施，后扶项目包括路、桥、路灯等生产生活基础设施的建设和完善项目，以及产业扶持项目、就业技能培训项目等。

（二）库区移民后期扶持模式

常见的水库移民后期扶持类型包括两种：一种是农村城镇分散安置后期扶持；另一种是移民新村后期扶持。农村城镇分散安置后期扶持下库区移民多数是集中搬迁、分散安置，政府给予集中搬迁到农村小城镇或是县城的移民一定的生产资料和扶持政策支撑，例如用土地使用权入股水电开发，享受定期分红等，来保障他们的生活达到或超过原有的水平。移民新村后期扶持主要是水库移民集中搬迁到区位优势较好的定居点，往往是整村搬迁，从而形成较大规模的农村社会，在新村社区中，政府实行相应的扶持政策，提供适用于整村移民的服务项目，以多种方式来使移民生产生活条件恢复或超过原有水平。

两种不同的移民安置类型，分别采用不同的扶持措施和手段，从而形成各自的后期扶持模式。

1. 农村城镇分散安置后期扶持模式

农村城镇分散安置后期扶持类型下，主要采用的扶持模式包括产业扶持模式、科技扶持模式、股份扶持模式和第三产业扶持模式等。

（1）产业扶持模式是指通过开发第二产业和第三产业，吸纳移民就业，同时还可以解决迁入村的一部分富余劳动力的就业问题。通过对第二产业和第三产业的开发，为库区移民带来了更多的创收渠道，同时也促进了迁入村的整体经济发展。限于水库移民的劳动技能特点，扶持的产业重点应为技术含量较低的劳动密集型产业。

（2）科技扶持模式是指通过技能培训等科技培训方式，增加库区移民对当前经济社会发展所需劳动技能的了解，并能够形成具有一定竞争力的特殊技能，作为维持生计的基础，例如吊机操作培训等。

（3）股份扶持模式是指应用现代经营理念，采用资金入股的方式，将库区移民与企业经营联系起来，共享企业收益。一般地，在当地政府的指导下，移民主要将资金注入到当地发展前景较好的企业中，从而成为当前库区移民收入增加的一条稳定而快捷的渠道。

（4）第三产业扶持模式是指通过政府建设商贸中心或小商品市场等方式，鼓励库区移民参与到第三产业中去，并为他们提供便利的条件和优惠政策，在产业结构优化调整的大背景下，解决就业，增加收入。

2. 移民新村后期扶持模式

移民新村后期扶持类型下，所采用的扶持模式主要有旅游开发模式、服务承租模式和劳动输出模式等。

（1）旅游开发模式是指利用库区周边的旅游资源，进行旅游景观的综合开发，形成规模和品牌效应，并为库区移民和农村带来客观的经济收入和经济发展。旅游资源的开发需要在政府的引导下，以法律和商业规则为基础，合理开发、绿色开发，并重点关注开发过程和经营过程的监管。

（2）服务承租模式是指借助水电开发公司的服务外包，如水电厂区的绿化、垃圾处理、物业管理、治安管理等服务的提供，优先考虑库区移民，为劳动技能不高的库区移民提供就业机会，增加库区移民家庭的收入水平。

（3）劳动输出模式是指在政府的引导下，通过技能培训等方式使得库区移民掌握基本或特殊的劳动技能，并通过渠道疏通，将具备条件的库区移民进行对外输出，从而扩展库区移民的生存空间，提升他们适应市场和发展自身的能力与欲望。

（三）库区移民后扶政策与生存质量

库区移民后期扶持的不同类型和不同模式，均会对移民的生产和生活条件及其质量产生积极的影响。基础设施后扶项目的实施，受益面较广，不仅移民的生产生活条件得到提升，移民迁入地原居民也是受益群体，从而使得整个村落的生存条件大幅提升；产业帮扶项目的实施，以政府为后盾，寻找适合库区移民发展的产业项目，并提供一定的项目管理人员和经验，帮助库区移民发展产业，纳入集体经济，在增加收入的同时，也能够与迁入地原居民之间形成更加深厚的经济和社会网络；就业培训项目的实施，重点在于库区移民人力资本的培养和建设，通过培训掌握当前社会就业的基本技能，从而拓宽就业渠道，增加家庭收入来源，构建和提升可持续发展竞争力。

第四节　本章小结

本章在界定库区移民生存质量、生计资本、生态移民相关术语的基础上，探讨了库区生态移民生计方式的改变，以及库区移民生计资本的本质和构成要素。构建了可持续生计发展视角下的库区移民生存质量研究模型，从而形成生存质量的动态战略管理角度，深入分析了生存质量与经济网络、生存质量与社会网络、生存质量与移民政策之间的作用关系，并就移民生存质量发展能力的形成与因素作用机理提出相应的观点和理论假设，为库区生态移民生存质量研究提供了基本的理论分析框架。

生存质量是一个复杂系统，可从自然资本、物质资本、人力资本、金融资本和社会资本五个角度来衡量，但是又不局限于这些分析内容。库区移民生存质量的可持续发展问题涉及众多因素，其中移民在迁移前后经济网络和社会网络的改变，严重地影响到该群体的生存质量。本书认为社会网络的优化会对移民经济网络的搭建和发展产生积极作用，国家相继出台的一系列移民扶持政策和措施，不仅坚实了移民的经济基础，而且对社会网络的构建和完善起到了重要的引导作用，并通过两个网络之间的联动关系，发挥着更大的效用。

第四章　库区移民生存质量评价体系

第一节　生存质量评价指标体系的设计

一、设计原则

库区移民生存质量的内涵极其丰富，对其的评价和衡量工作涉及系统资源、环境、功能、性能和效益等。并且随着评价主体和评价对象的不同，评价指标体系和方法会有所区别，因此针对这样一个高度复杂的系统，必须构建完整细致的综合评价指标体系，采用科学合理的评价方法，遵循全面性、独立性、科学性、多维性、动态性等原则，进行多层次多维度的分类、动态评价。

1. 全面性原则

评价指标体系是对评价系统情况的综合反映，不仅要考虑系统涉及的人员、机构、资本、环境等因素，还要考虑系统各部分之间的功能、联系、作用等。

2. 独立性原则

评价指标体系中的指标要保持独立性，各指标内涵准确、界限清晰，彼此之间不存在信息重叠、概念混淆情况。同时指标选取中，要注意与实际统计工作的兼容性，统计指标和数据的可得性与便利性。

3. 科学性原则

指标体系是对生存质量内涵的科学反映，因此先要对生存质量内涵做科学划分，明确各部分的特征和区别，再制定合理的衡量指标，以及数据分析方法，从而保证评价结果的合理性和客观性。

4. 多维性原则

指标体系要层次分明，在横向和纵向上分别反映多维度性。从横向角度上看，不同特征的评价主体应适用于彼此区别的评价指标；从纵向角度上看，指标体系是分层的，下一层次的指标是对上一层次指标某一方面的反映，同一层次的指标之间彼此又保持独立，互不重叠。

5. 动态性原则

综合评价虽然是对评价主体当前状况的衡量，但是在完整性和科学性的原则下，同样需要体现出评价主体动态变化的特征，因此在指标体系设计过程中，通过适当引入反映变化率的指标，以体现不同类型评价主体的动态变化特征。

二、综合评价指标体系的设计

库区移民生存质量评价系统是一个融人、资源、技术于一体的动态开放系统，对其的评价应充分考虑生存质量的全面性和复杂性。在综合考虑基础理论和已有学者研究成果的基础上，决定采用可持续生计资本作为生存质量评价的核心内容和主要途径，给出较为合理和全面的评价。根据评价系统的内涵与特征，以及调研的内容，在评价指标体系构建原则的指导下，提出一套由 5 个一级指标和 23 个二级指标组成的综合评价指标体系，具体内容见表 4－1。

表 4－1　　　　库区移民生存质量综合评价指标体系

一级指标	二级指标
自然资本	人均耕地面积/亩
	水浇地面积占比/（%）
	人均住房面积/平方米
物质资本	房屋质量（0＝危房；1＝正常）
	冲水式厕所（0＝没有，1＝有）
	家庭财产指数（电视机、电冰箱、洗衣机、空调、电脑、热水器、电动车、摩托车、小汽车、手机等）
	基础设施指数（卫生所、幼儿园、小学、垃圾集中处理、健身器材）
人力资本	家庭总人口/口
	劳动力占比/（%）
	外出务工人口占比/（%）
	受高等教育人口比例/（%）$=\frac{\text{高中及以上学历人口}}{\text{家庭总人口}}\times 100\%$
	移民占比/（%）
	大病人口占比 $=\frac{\text{大病住院人数}}{\text{家庭总人口}}$
金融资本	人均经营净收入/元
	人均工资性收入/元
	人均转移净收入/元
	人均财产净收入/元
	人均家庭消费支出总额/元
	家庭恩格尔系数 $=\frac{\text{食品烟酒支出}}{\text{家庭消费支出总额}}$
社会资本	移民后扶直补资金/元
	社会扶持总金额/元＝社会救济和补助＋政策性生产补贴＋政策性生活补贴＋住户之间赡养费
	是否参加大病统筹医保（1＝参加，0＝未参加）
	是否参加养老保险（1＝参加，0＝未参加）

库区移民生存质量综合评价指标体系按照生计资本的概念展开，共包括五个部分：自然资本、物质资本、人力资本、金融资本和社会资本。

（1）自然资本衡量库区移民拥有的土地和房屋等自然资源状况。土地包括耕地面积和耕地质量，一般认为水浇地是质量较高的土地类型。对于库区移民而言，多数仍然移居到村落，房屋面积是根据迁入村的情况来确定，因此可以看作是自然资本的一种。

（2）物质资本衡量移民户家庭的资产、耐用消费品和快速消费品等。房屋属于移民家庭的投资品，房屋的面积由所在村庄决定，而房屋质量是可控的。房屋按照建筑材料不同可以分为砖混、木质和其他，根据农村居民的生活习惯，将房屋质量分为危房和正常房屋两种，且将是否拥有冲水式厕所作为移民户房屋等级的一种体现。家庭财产指数衡量家庭拥有的电视机、电冰箱、洗衣机、空调、电脑、热水器、电动车、摩托车、小汽车、手机几项家庭财产的数量，由于家庭财产单位不一致，因此采用 Z 标准化方法对每一个家庭财产指标进行标准化，Z 标准化方法为

$$Z_i = \frac{x_i - \bar{x}}{\sigma} \quad (4-1)$$

式中，i 表示第 i 个样本；Z_i 表示第 i 个样本的 Z 标准化数值；x_i 表示第 i 个样本的指标值。

经过 Z 标准化后，每个样本的标准化值不再具有单位，因此可以进行加总，且具有意义。但是经过 Z 标准化后数值普遍偏小，不利于加总和分析，因此在 Z 标准化的基础上进行 T 转化为

$$T_i = 10 \times Z_i + 50 \quad (4-2)$$

因此，将各家庭财产指标下的 T 标准化值进行加总，得到对应样本的家庭财产指数。

基础设施指数反映了移民所在居住地区的基础设施保障情况，包括卫生所、幼儿园、小学、垃圾集中处理、健身器材等基础设施的保障情况。

（3）人力资本衡量家庭人口的数量、结构和质量。家庭人口数量以

家庭总人口来反映。人口结构包括劳动力占比、外出务工人口占比、移民占比、受高等教育人口占比和大病人口占比。家庭人口的结构反映了人口质量，一般而言，一个家庭中，劳动力占比高、外出务工人口占比高，通常家庭收入会较高，家庭中受高等教育的人口占比高，短期内看会给家庭造成负担，但这只是短期现象，受高等教育人口反而是家庭未来收入的重要来源。家庭大病人口占比重，则家庭收入状况往往偏差，且可能因病致贫、因病返贫。

（4）金融资本衡量家庭收入和支出状况。农户的家庭收入主要包括四个部分，经营净收入、工资性收入、转移净收入、财产净收入，并且采用人均收入来衡量家庭的收入状况。家庭支出情况以家庭人均消费支出总额来反映，并采用食品烟酒支出占家庭消费支出总额的比重来反映家庭消费结构，该指标类似于恩格尔系数，可部分反映家庭富裕状况。

（5）社会资本衡量移民的社会关系网络。由于数据收集困难，真实性难以保证，因此主要采用可以衡量的官方指标，人均移民后扶直补资金是政府给予移民的特殊补贴，反映了移民享受到的政府辅助。社会扶持总金额表示除了移民后期直补资金外，其他的社会救济和社会补助，主要包括社会救济和补助、政策性生产补贴、政策性生活补贴、住户之间赡养费，反映移民与政府、亲戚和朋友之间的交往。大病统筹医疗保险（以下简称医保）和养老保险的参与情况，反映移民对于社会保障的信任度和参与度。

第二节　生存质量评价模型

一、常用综合评价方法

学者针对移民的生计资本进行了指标量化和测算的大量研究，所用的方法较为多样化。在构建了综合评价指标体系后，主要表现为主观和客观两种方法下对指标进行权重的设定，以及最终综合指数的计算。

1. 主观赋值法

主观赋值法是指通过咨询学者、专家，或在借鉴他人研究成果的基础上，以自身的主观认识为依据，给每个指标赋予一定的权重，以示各个指标的重要程度。李小云等（2007）对 Sharp 采用主观赋值法进行指标赋值，进而实现农户生计资本的量化方法的改进，发展了生计资本量化研究方法。同样，杨云彦、赵峰（2009）也采用主观赋值方法对南水北调中线的工程移民进行了生计资本综合评价。

2. 客观赋值法

客观赋值法是通过对数据特征的描述和指标间关系的挖掘，仅仅依靠数据信息，通过计算确定每个指标的权重。常用的方法有主成分分析法、熵权法、层次分析方法等。

（1）主成分分析法（Principal Component Analysis，PCA）是一种数学变换的方法，它把给定的一组相关变量通过线性变换转成另一组不相关的变量，这些新的变量按照方差依次递减的顺序排列。这种方法把多指标转化为少数几个综合指标（即主成分），其中每个主成分都能够反映原始变量的大部分信息，且所含信息互不重复，从而进行指标的降维。

（2）熵权法利用了信息论的知识，按照信息论基本原理的解释，信息是系统有序程度的一个度量，熵是系统无序程度的一个度量。如果指标的信息熵越小，该指标提供的信息量越大，在综合评价中所起作用理当越大，权重就应该越高。因此，可利用信息熵这个工具，计算出各个指标的权重，为多指标综合评价提供依据。

（3）层次分析法是指将与决策总是有关的元素分解成目标、准则、方案等层次，在此基础之上进行定性和定量分析的决策方法，它能够合理地将专家主观赋值法下的权重进行处理，从而实现定性分析和定量分析的结合。

崔诗雨、徐定德等（2016）在 DFID 可持续生计资本框架的指导下，利用三峡库区实地调研数据，建立生计资本评价指标体系，运用熵值法计算出移民和原住民生计资本指标权重，再由加权平均综合标准模型计算出生计资本得分。在分析移民和原住民生计资本特征的基础上，进一步运用独立样本 t 检验分析彼此之间的差异。李文静、帅传敏等（2017）以三峡库区 26 个县为研究对象，抽取 796 户移民作为样本，采用灰色关联分析法和熵权法对库区移民主要致贫因子就行挖掘，并在此基础上应用 PLS - SEM 模型对影响路径进行分析。马赞甫、王永平（2018）以贵州 10 个生态移民安置点的跟踪调查数据为基础，在构建生计资本评价指标体系的基础上，应用数据包络分析方法对生计资本运营效率进行测算。徐爽、胡业翠（2018）选取广西环江县金桥村典型移民安置区，采用给参与性农户评级的方法，对生计资本和生计稳定性进行测算，分析移民政策下金桥村移民和原住民两类农户生计资本、生计稳定性，以及二者耦合协调等级进行比较分析。李健瑜、陈晓楠（2018）选取陕南移民搬迁工程的佃行村进行调查，比较不同迁移特征对农户生计资本的影响，从整合和量化后的生计资本入手，运用多元 Logit 模型研究工程对农户生计策略选择的影响。

二、因子分析法

一方面，库区生存质量综合评价指标体系包含众多变量，且变量单位不一致，数量级差异也较大，直接对每个指标进行数据分析和对比意义不大；另一方面，库区移民具有非常显著的地域特征，如果采用专家分析法等主观赋权方法，则专家很有可能由于不了解评估地区特征，而给出不合实际的权重集合，由此造成数据的偏离。因此，本书认为主观赋值方法不再适用，由于调查数据均为评价主体给予，他们对自身的生存状况最为熟悉，因此进行数据的挖掘和分析，采用因子分析的方式通过线性规划提取公共因子，进行指标降维，并采用回归估计模型对每个样本在各个因子上的得分进行计算，从而为样本的对比提供依据。

因子分析法是从研究变量内部相关的依赖关系出发，把一些具有错综复杂关系的变量归结为少数几个综合因子的一种多变量统计分析方法。它的基本思想是将观测变量进行分类，将相关性较高，即联系比较紧密的分在同一类中；而不同类变量之间的相关性则较低，那么每一类变量实际上就代表了一个基本结构，即公共因子。因子分析法的实质就是对所研究的问题，试图用最少个数的不可测的公共因子的线性函数与特殊因子之和来描述原来观测的每一分量。

三、研究方法和步骤

通过文献学习，构建库区移民生存质量综合评价指标体系，利用因子分析方法对分指数进行测算，最终汇总得出生存质量综合指数值。

第一步，构建库区移民生存质量综合评价指标体系。以生计资本为主要内容，构架指标体系。指标体系包括五个部分，即自然资本、物质资本、人力资本、金融资本和社会资本。三级指标中需要构建指数的，按照指数构建方法进行计算。

第二步，每个生计资本二级指标下均包括若干个三级指标，应用因子分析方法，在每个生计资本二级指标下提取公共因子，原则上按照特征值大于 1 的标准进行提取，并采用回归估计方法，在每个公共因子下计算样本得分。

第三步，以每个公共因子的因子载荷为权重指数，以二级指标下各个公共因子得分为计算依据，对每个生计资本二级指标进行加权汇总，分别得出五种生计资本的样本得分。

第四步，按照等权加总求和方法，将五种生计资本指数得分进行汇总，得出各样本的生存质量综合指数得分。

第五步，按照移民安置方式不同，将样本分为集中安置样本群和分散安置样本群，分别测算两种样本群的生存质量综合指数和五种生计资本指数平均值，并采用 T 均值检验的方式验证两样本群之间的差异性。

第三节　某库区移民群体生存质量综合评价

一、数据说明

本部分研究数据来自 2018 年 12 月在济源市进行的库区移民后期扶持监测评估调查问卷。样本的选取采用整群抽样的方法进行，从济源市涉及的移民安置点中随机抽选了 12 个移民安置村（洛峪新村、牛湾新村、大峪新村、良安新村、西滩新村、大交新村、西坡村、刘庄、陆家岭村、金河村、新峡村、五里沟村）进行调查，移民样本户抽取比例为所在村组总移民家庭户数的 5% ~10%，但要求不少于 15 户。同时，考虑到收入水平对生活质量的重要性，原则上要求按照经济收入高、中、低为 2∶6∶2 的比例抽取样本户。经过数据的搜集和整理，最终收集的样本户收入水平基本遵循了这一比例原则。济源市水库移民后期扶持调查问卷共 198 份，其中有效问卷 188 份，有效回收率为 95%。

二、生计资本描述统计

生计资本是库区移民抵御风险、维持生计的重要保障。在表 4 -1 中构建的库区移民生存质量评价体系的基础上，根据此次移民生活质量调查的实施情况，对指标进行一定的筛选和整理，最终确定 5 个一级指标、21 个二级指标的综合评价指标体系。各指标的分布特征统计指标见表 4 -2。

表 4-2　　　　生存质量综合评价指标的分布特征

指标名称及类型		最大值	最小值	均值	标准差
自然资本	人均耕地面积/亩	0.00	4.33	0.49	0.35
	水浇地面积占比/(%)	0.00	100.00	98.15	11.93
	人均住房面积/平方米	0.00	200.00	48.58	27.59
物质资本	房屋质量（0=危房，1=正常）	1.00	1.00	1.00	0.00
	冲水式厕所（0=没有，1=有）	0.00	1.00	0.37	0.48
	家庭财产指数	84.50	22.66	50.00	10.00
人力资本	家庭总人口/人	1.00	10.00	4.56	1.63
	劳动力占比/(%)	0.00	100.00	49.66	24.70
	外出务工人口占比/(%)	0.00	100.00	33.58	21.27
	上学人口占比/(%)	0.00	100.00	23.59	19.66
	移民占比/(%)	0.00	100.00	81.33	21.79
金融资本	人均经营净收入/元	0.00	49600.00	2851.56	7613.85
	人均工资性收入/元	0.00	62000.00	13133.38	9595.23
	人均转移净收入/元	-257.50	17351.50	1245.20	2488.83
	人均财产净收入/元	0.00	900.00	319.70	238.12
	人均家庭消费支出总额/元	1760.00	30150.00	10502.73	4289.68
	家庭恩格尔系数（近似值）	7.78	80.41	51.82	11.98
社会资本	人均移民后扶直补资金/元	85.71	800.00	493.86	123.07
	人均社会扶持总金额/元	-397.50	15651.50	582.93	2014.29
	是否参加医保（1=参加，0=未参加）	0.00	1.00	0.93	0.24
	是否参加养老保险（1=参加，0=未参加）	0.00	1.00	0.94	0.25

（1）自然资本衡量移民户拥有的自然禀赋，主要体现为土地和房屋。样本户人均耕地面积为0.49亩，且98.15%的耕地为水浇地。由此可见，对于移民而言，土地质量较好，适宜耕种。样本户人均住房面积平均近50平方米，相对于城镇居民而言住宿面积较宽裕。

（2）物质资本衡量家庭拥有的物质资本的数量和质量。从房屋的质量看，样本户没有危房出现，移民住房普遍为新建住宅，房屋质量相较迁移前显著提升。家庭卫生设施的配置状况是农村与城镇居民生活质量差异的显著区别点，从调查结果看，移民新村的冲水式厕所的普及率较低，平均来看，只有37%的样本户使用冲水式厕所，因此，移民生活水准仍有提升空间。家庭财产指数以指数形式衡量家庭财产拥有数量，由于财产等级调查的困难性，该指数未能衡量家庭财产的质量。从指数结果看，家庭财产指数最优的家庭分值达到84.50分，最小的家庭仅为22.66分，从绝对差异看，家庭财产的拥有量还存在较大的差距。

（3）人力资本衡量家庭人口数量、结构和质量。此次调查中，主要针对家庭人口数量和结构进行调查，家庭人员受教育情况和大病情况未能取得合格的数据。移民家庭总人口平均每户近5人，多数是老中青三代的结构，也有部分是两个老人的家庭结构。家庭总人口中，劳动力平均占比近50%；享受移民后扶直补资金的人口占比达到81.33%，该比例会随着新生人口的增加而逐渐降低。家庭人口中，外出务工人口比重近34%，上学人口近24%。居住地迁移后，外出务工成为移民收入的主要来源之一，外出务工人口比重越大，家庭富裕程度越高；同时，上学人口比重大，短期来看家庭负担较重，但从长期来看，这部分人口是家庭未来的人口红利。

（4）金融资本衡量家庭收入和支出的总量和结构。根据国家统计局收入核算的标准，家庭收入划分为经营净收入、工资性收入、转移净收入、财产净收入四种形式。对于移民家庭而言，工资性收入最高，人均近13000元，且主要为打工收入所得；财产净收入最少，人均近320元，且均为土地流转收入；移民户进行金融投资的很少，且因为涉及隐私问题，移民户不愿透露借贷款的情况。移民户人均家庭消费支出额近10000元，且平均看食品烟酒支出占到近50%，该值是家庭恩格尔系数的近似体现。从数值上看，食品烟酒支出在家庭消费支出中占比较高，其他支出占比过低，移民户家庭生活水平与小康水平还有一定的差距。

（5）农户家庭关系较为复杂，出于数据可得性考虑，调查只以移民户享受的社会福利和帮扶为基础构建社会关系网络。移民户中，参与医保的达到93%，参与养老保险的比重达到94%，可见移民户的社会保障参与率较高，这也成为家庭抵御风险的重要保障之一。移民户人均得到后扶直补资金近500元，同时享受各种社会补贴和扶持资金人均近600元，这部分资金在一定程度上有助于提升家庭收入水平和生活质量。

三、生存质量综合指数测算

（一）综合指数测算结果

由于五个生计资本一级指标都包含一定量的二级指标，指标数量多、单位不统一、数量级差异大，因此分别对每个一级指标进行因子分析，通过特征值大于1的标准提取公共因子，并计算公共因子得分。一方面，实现指标降维；另一方面，便于各指标之间的对比分析。公共因子提取信息见表4－3。

（1）自然资本共提取出两个公共因子，第一公共因子主要反映水耕地占比、人均住房面积两个指标的信息，对这两个指标的解释力度分别达到57.7%和56.7%；第二公共因子主要反映人均耕地面积，公共因子对该指标的解释力度达到98.9%。将因子载荷数值作为各公共因子的权重指标值，因此自然资本下，第一公共因子的权重为0.38，第二公共因子的权重为0.33，应用回归估计的方法计算各样本在这两个公共因子下的得分，并应用加权平均的方式得到每个样本的自然资本指数值，经过汇总平均，得出全体样本在自然资本下的指数平均得分为35.5分。

表 4－3　　综合指数测算过程

一级指标	二级指标	公共因子	因子载荷	一级指标计算公式	一级指标平均得分
自然资本	水耕地占比	F_1（自然资本）	0.38	$0.38 \times F_1$（自然资本）$+ 0.33 \times F_2$（自然资本）	35.5
	人均住房面积				
	人均耕地面积	F_2（自然资本）	0.33		
物质资本	冲水式厕所	F_1（物质资本）	0.58	$0.58 \times F_1$（物质资本）	29.0
	家庭财产指数				
人力资本	家庭总人口	F_1（人力资本）	0.35	$0.35 \times F_1$（人力资本）$+ 0.32 \times F_2$（人力资本）	33.5
	上学人口占比				
	移民占比				
	劳动力占比	F_2（人力资本）	0.32		
	外出务工人口占比				
金融资本	人均财产净收入	F_1（金融资本）	0.33	$0.33 \times F_1$（金融资本）$+ 0.23 \times F_2$（金融资本）	28.0
	人均家庭消费支出额				
	家庭恩格尔系数				
	人均工资性收入	F_2（金融资本）	0.23		
	人均经营净收入				
	人均转移净收入				
社会资本	人均后扶直补资金	F_1（社会资本）	0.31	$0.31 \times F_1$（社会资本）$+ 0.25 \times F_2$（社会资本）	28.0
	人均社会扶持总金额				
	是否参加医保	F_2（社会资本）	0.25		
	是否参加养老保险				
合计					154

（2）物质资本包含3个指标，因为房屋质量指标下所有样本取值均为1，无数据分析意义，因此在计算过程中将其舍弃，物质资本下只有冲水式厕所使用情况和家庭财产指数两个指标。因子分析的结果显示只需提取一个公共因子即可代表两个指标的大部分信息，该公共因子对每个指标的信息提取力度均为58%。计算得到，物质资本下公共因子的因子载荷为0.58，以此为权重计算得到所有样本的物质资本指数平均值为29.0分。

（3）人力资本包含5个指标，共提取两个公共因子。第一公共因子主要反映家庭总人口、上学人口占比、移民人口占比3个指标的信息，各个指标的信息提取力度分别为69%、47.1%、65.3%；第二公共因子主要反映外出务工人口占比、劳动力占比两个指标的信息，这两个指标的信息提取力度分别为79.0%和75.7%。第一公共因子的因子载荷为0.35，第二公共因子的因子载荷为0.32，以此为权重计算移民户人力资本指标的平均指数值为33.5分。

（4）金融资本包含6个指标，共提取两个公共因子。第一公共因子主要反映人均财产净收入、人均家庭人均消费支出额、家庭恩格尔系数（近似值）3个指标的信息，各个指标的信息提取力度分别为24.6%、73.0%、55.3%；第二公共因子主要反映人均经营净收入、人均工资性收入、人均转移净收入3个指标的信息，这3个指标的信息提取力度分别为72.4%、81.1%、35.6%。第一公共因子的因子载荷为0.33，第二公共因子的因子载荷为0.23，以此为权重计算移民户金融资本指标的平均指数值为28.0分。

（5）社会资本包含4个指标，共提取两个公共因子。第一公共因子主要反映人均移民后扶补贴、人均社会扶持总金额两个指标的信息，各个指标的信息提取力度分别为76.8%、62.2%；第二公共因子主要反映医保参与和养老保险参与两个指标的信息，这两个指标的信息提取力度分别为81%、78.7%。第一公共因子的因子载荷为0.31，第二公共因子的因子载荷为0.25，以此为权重计算移民户社会资本指标的平均指数值为28.0分。

研究认为5个生计资本的重要程度相当，因此采用等权的方式将5个生计资本的平均得分加总，得到全部移民户样本的平均生计资本得分为154分。该分值反映了样本户的生计资本持有基本状况，由于无单位和数量级差异，也可进行横向和纵向动态对比与分析。

（二）生活质量综合指数的安置方式结构对比

按照移民的安置方式不同，将调查的12个村落划分为两种类型：一种是移民新村，有6个，分别是洛峪新村、牛湾新村、大峪新村、良安新村、西滩新村和大交新村；另一种是分散安置村落，有6个，分别是西坡村、刘庄、陆家岭村、金河村、新峡村和五里沟村。调查时从这些村中挑选移民户进行调查。移民安置方式不同，生计资本持有禀赋也会有所差异。从而造成生存质量的差异，在上述移民生存质量综合指数测算的基础上，对两类安置方式的移民生存状态进行分类统计和对比分析。两种安置方式下生计资本对比情况见表4－4。

表4－4　　生活质量指数的安置方式结构对比

资本类型	安置方式	样本量	指数均值	伴随概率
自然资本	集中安置	98	34.42	0.002**
	分散安置	90	36.70	
物质资本	集中安置	98	29.93	0.022*
	分散安置	90	27.99	
人力资本	集中安置	98	33.68	0.585
	分散安置	90	33.30	
金融资本	集中安置	98	28.17	0.540
	分散安置	90	27.81	
社会资本	集中安置	98	27.76	0.385
	分散安置	90	28.26	
生存质量	集中安置	98	154.30	0.824
	分散安置	90	153.96	

注：**表示在显著性水平为0.01时接受备择假设的统计假设检验规则；*表示在显著性水平为0.05时接受备择假设的统计假设检验规则。

6 个集中安置的移民新村共调查了 98 户移民户，集中安置的移民平均生存质量综合指数分值为 154. 30 分；五种生计资本中，分值最高的是自然资本，指数得分为 34. 42 分；其次为人力资本，指数值为 33. 68 分；指数值最低的为社会资本，为 27. 76 分。整体上看，物质资本、金融资本和社会资本的指数值绝对差异不大。

6 个分散安置的移民村共调查了 90 户移民户，分散安置的移民平均生存质量综合指数分值为 153. 96 分；五种生计资本中，指数值分值最高的为自然资本，为 36. 70 分；其次为人力资本，指数值为 33. 30 分；指数值最低的为金融资本，为 27. 81 分；物质资本和社会资本的指数分值也相应较低。

从综合指数、各生计资本指数的绝对差异看，集中安置方式下移民的生存质量综合指数、物质资本指数、人力资本指数、金融资本指数分值都略高于分散方式下的移民均值，分散安置方式下移民的自然资本和社会资本指数值高于集中安置方式移民户。配合统计学均值比较方式，进行假设检验，结果证明，两种方式下移民只在自然资本和物质资本两种指数下存在显著差异，其他三种生计资本指数，以及生存质量综合指数在两种方式下均未呈现显著差异。

综上所述，对于移民户而言，不论采用哪种方式进行安置，搬迁后生活条件和生活质量均会有所提升。此次调查限于同一个城镇下的移民户，库区移民所享受的基本政策是一致的，并且移民新村与分散安置村之间的差异也不明显。随着时间的推移，集中安置和分散安置下移民均已经融入当地的经济和社会环境，因此在金融资本、人力资本、社会资本上就不存在显著的差异。而自然资本是由移民迁入村的自然禀赋条件决定的，每个村人均持有土地量是不同的，人均房屋持有量也差异较大，因此以这两个指标为主要衡量指标的自然资本则显示存在显著差异，这实际上反映的是迁入村的资源禀赋差异。物质资本在两种安置方式下也存在显著性差异。在调研的过程中发现，移民新村的冲水式厕所普及率非常高，基本上整个村子在建设过程中就已经实现了冲水式；而分散安置方式下，新迁入的移民也很少会单独使用冲水式厕所，而保持和其他原居民一致的生活条件。

第四节　移民安置区生存质量提升效果评价

不论采用集中安置还是分散安置的方式，库区移民必须以其所在的村组织和集体为基础开展生计活动。移民在进入新的生存环境的同时，也带来了新的资源和支持。国家各种类型的库区移民后期扶持政策往往具有非排他性，其实施的受惠方不仅包括移民，更是囊括了移民所在村组的所有居民。即使是整村搬迁形成的移民新村，由于国家扶持政策的长期性和持久性，其村容村貌、基础设施、产业结构等各个方面也会呈现出逐年完善和优化的趋势。目前在移民安置区较为普遍实施的安置区项目有“移民村美丽家园建设项目”和“避险解困项目”。这两个项目从不同的层面给予了移民安置区不同程度的推动和发展支持。

一、美丽家园建设

移民美丽家园建设是指以移民安置区为基本单元，通过加强安置区基础设施建设、完善小区综合治理机制，不断提升移民对村务参与与监督治理的意识，共同建设和发展安置区。美丽家园建设项目的实施，使得移民安置区或移民安置村发生了较大的改变，移民的生存环境不断优化升级，移民能够享受到的公共服务不断扩展和深入。

（一）基础设施

目前来看，库区移民后期扶持基金和项目主要集中于道路和水利项目，因此对移民安置区基础设施的改善主要体现在水利设施的配套实施、机耕道路的建设、村交通条件的改善。

1. 水利配套项目实施

库区移民后期扶持项目着重于加强移民安置区的灌溉比例和灌溉条件的提升和改善。经过对移民安置村多年的跟踪调查，发现移民安置村可灌溉耕地面积比例逐年提升。由于地理区位的差异，对于平原地区而言，基本上2015—2016年移民分散安置村和移民新村的可灌溉比例已经实现了100%，并且输水管道等灌溉条件有了很大的提升。对于丘陵和山区区位的移民安置村，农田的可灌溉比例相对偏低，“望天收”仍然占有一定的比例，但是从发展趋势看，灌溉条件和灌溉农田面积的改善非常明显。

例如孟州市张连村原有的灌溉设施年久失修，出现了泄漏、堵塞等状况，部分农田得不到灌溉。2017年利用大中型水库结余资金项目，进行孟州市张连村输水管道工程建设。项目实施后，输水钢管的建设及灌溉渠道的修复显著改善了灌溉条件，村民基本口粮田收成更有保障，小麦每亩比以前增收200斤左右。

2. 机耕道路建设

机耕道路是农民生产条件的重要组成部分。由于历史原因和地理区位的特征，农村地区机耕道路硬化率普遍不高，即在平原地区，机耕道路为土路的情况仍很常见，山区和丘陵地带的机耕道路硬化率更低。库区移民后期扶持政策实施初期，资金和项目主要进行生产生活基础设施的建设和改善，移民安置区机耕道路硬化项目实施较多，从而近些年普遍发现机耕道路的生产条件已经得到很大程度的改善，方便了农户的生产行为，从而为其收入的提升创造基础。某样本村机耕道路的建设情况见表4-5。

3. 安置村交通条件

移民后期扶持项目对分散安置村和移民新村的交通条件改善发挥了重要作用。某样本村交通条件见表4-5。

表 4－5　××市样本村交通条件变化情况

序号	样本村	村内道路			对外交通						备注
		村组道路硬化率			通公路的组比重			通客运班车的组比重			
		2017 年/（%）	2018 年/（%）	2018 年较 2017 年提高百分点	2017 年/（%）	2018 年/（%）	2018 年较 2017 年提高百分点	2017 年/（%）	2018 年/（%）	2018 年较 2017 年提高百分点	
合计/平均		97.3	99.4	2.1	100.0	100.0	0.0	57.9	66.3	8.4	
1	西沃村	90	100	10	100	100	0	0	0	0	
2	梁庄村	90	95	5	100	100	0	0	100	100	
3	寺村	100	100	0	100	100	0	100	100	0	
4	陈湾村	98	98	0	100	100	0	95	95	0	
5	横山村	100	100	0	100	100	0	100	100	0	
6	新北村	100	100	0	100	100	0	100	100	0	
7	盐西村	100	100	0	100	100	0	100	100	0	
8	塔地村	100	100	0	100	100	0	0	0	0	
9	青龙村	90	100	10	100	100	0	100	100	0	
10	张连村	100	100	0	100	100	0	0	0	0	
11	新屯村	100	100	0	100	100	0	0	0	0	
12	关沟村	100	100	0	100	100	0	100	100	0	

村交通情况分为村内部交通情况和村庄对外交通情况，后扶项目的实施，极大地改善了移民安置村的交通条件，对于分散安置的移民安置村，后扶项目初期大量用于村内交通道路的建设，经过连续几年的建设，当前移民安置村的村内道路硬化基本达到了100%。按照国家规定建设的移民新村在建设之初，就实现了村内道路100%的硬化率，因此村内道路状况更加良好。大量走访移民安置区也发现，几乎所有的安置村在2017年都已经达到了村内道路硬化的基本要求，家家门口普及硬化路面，土路已经不可见。

对外交通方面，移民安置村经过多年的建设，也取得较大的改善。由于移民安置区基本都选择在交通较为便利的地区，因此对外通公路比重基本达到100%，但是在客运班车的普及率和普及水平上，安置村仍有提升的空间。经过调查发现，交通条件较为便利的移民分散安置村或者移民新村，往往具有对外的客运班车，但是数量较少，不能完全满足人们出行的需求。有部分安置村由于地理条件的限制，目前仍没有较好的出行交通条件。

需要看到的是，库区移民后扶基金和项目的实施，使得安置村和移民新村的交通条件大幅提升，村交通条件的改善使得全村的居民均能获益，这不仅为安置区原居民带了效益，也有利于原居民和迁入移民之间的经济融合与社会融合。

（二）人民生活

1. 文教卫生、通信和社会保障

库区移民后扶基金和项目对移民安置村和移民新村的文教卫生、通信条件和社会保障条件的改善同样发挥了重要作用。美丽乡村建设项目、太阳能路灯项目、卫生所建设项目、幼儿园小学建设项目等的实施，使移民村的村容村貌、医疗卫生情况等得到很大改变，极大地便利了库区移民的生活条件，同时也满足了移民群众和安置区群众文化生活的需要。

在移民安置区内，普遍都会建设一站式移民服务中心和文化休闲广场；

建设图书室，配套室内各项规章制度、桌椅、图书等。一方面，方便移民办事；另一方面，也为移民群众打造了良好的休闲娱乐环境。在教育资源配套上，分散安置村情况普遍稍差，一些移民分散安置村由于历史原因和实际条件的限制，缺少幼儿园和小学，本村儿童和学生要去其他村或镇上学，对学生和家长均造成了很大的不便。教育资源的配套问题也是库区移民反映最为强烈和普遍的问题。

在卫生方面，具有卫生室的移民安置村较多，基本能够满足群众就近就医的需要；在通信和信息方面，无线通信信号、宽带网络覆盖率等也逐年提高，基本能够满足移民群众信息和通信的需求；在社会保障方面，移民参与新农合的比例普遍较高，反映出农民对保险意识的改变和对社会保障信任度的增加，但是在走访过程中发现，有部分移民安置村的养老统筹参与比例并不高，甚至有个别村出现了下降的趋势。

2. 人居环境

移民户的居住条件有所改善，但是仍有上升空间。根据库区移民安置条例和各个地区的规章制度，移民户人均居住面积较大，与当地原居民持平，甚至超过当地原居民，房屋均是钢混结构，无危房。但是在具体设施上看，仍有待提高，例如移民户冲水式厕所的使用普及率非常低，很多的移民户仍然采用旱厕的设施，不利于生活条件的提升。

安置村组的垃圾收集设施不断完善，移民新村和分散安置村基本都能做到垃圾集中处理，垃圾随处乱扔，杂乱无章的情况基本杜绝，居民生存的健康条件得到很大程度上的改善。安置区亮化工程实施较高，安置村亮化比例较高，同时村组普遍配备健身场所和器材，方便移民和群众的健身需求。

走访中也发现，大部分移民安置村缺少污水集中处理设施，污水集中处理设施施工较为繁杂，同时也会与农村地区居民的生活习惯不一，因此污水集中处理理念需要逐步普及，来不断提升农村地区居民的生活质量。例如走访发现温县移民区大下沟与盐东村、北冶村相邻，由于排涝沟年久失修，排涝沟内淤积严重且散发恶臭，影响了移民村的生活环境。于是，利用大中型水库后期扶持结余资金项目清理排涝沟，项目实施后，排涝沟雨水、积水等能够及时排走，臭味消散，大大改善了盐东、北冶两村的人居环境，也得到了移民和原居民的广泛好评。

二、产业扶持和发展

1. 产业发展

虽然不同地区具有不同的资源禀赋，政府主导经济发展模式和途径也有所不同，但是因地制宜、因户施策、打造一村一品、引导移民群众从传统农业向高效生态型和质量增长型农业转变的思路普遍存在。

走访发现，每个移民安置区均具有自己的特色产业，库区移民后期扶持基金的使用，以产业项目的形式带领移民户和其他村民升级产业结构，发展特色产业，合理收益分配，从而使得大家的收入都显著增长，并且不断增进移民户与当地原居民之间的融合与发展。

以下案例均为作者在2016~2018年参与“河南省大中型水库移民后期扶持政策实施情况监测评估”项目实施过程中，对当地村干部和农户的深度访谈和实际拍摄资料。

案例4-1

温县太涧村中药材加工厂项目

温县太涧村中药材加工厂项目为2017年度大中型水库移民后期扶持结余资金项目，项目总投资118万元。主要建设内容：新建厂房一座。该项目2018年9月开始投入使用。

项目效益情况：太涧村位于招贤乡西南，全村共有7个村民小组，1030人，移民人口911人。近年来，该村利用地理优势，种植高经济作物药材，现有防风近千亩，丹参800余亩。

项目实施前：村民只能把种植的防风、丹参等药材直接销售，收益较低，以防风为例，亩产1.3吨左右，湿防风约3.5元/公斤，每亩产值约4550元。

项目实施后：村民把自己种植的中药材运到中药材加工厂（图4-1），晒干并加工成饮片，同样以防风为例，干湿比以3∶1计算，亩产干防风约433公斤，加工成饮片后，出货率以80%计算，亩产干防风饮片约346公斤，饮片市场售价为22元/公斤，亩产值7612元，除去加工费每亩增收约1540元。由此可见太涧村中药材加工厂项目为移民带来了实实在在的好处。

太涧村中药材加工厂项目的实施，能够让村民种植的药材获得更高的收益，带动了全村的经济发展，项目效益显著。

图4-1　温县太涧村中药材加工厂项目

案例 4－2

盐西村蔬菜大棚基地工程项目

盐西村蔬菜大棚基地工程为 2015 年第四批后期扶持结余资金项目，项目总投资 74.31 万元。主要建设内容：新建长 89.6m、宽 10m 大棚 8 个（图 4－2）。该项目于 2018 年 9 月开始投入使用。

大棚建设完成后，村委将大棚出租给了村民，每个大棚收取 2000 元/年的租赁费用。目前新建的 8 个大棚已经全部外租，共收取 16000 元的费用，收取的费用作为盐西村的村集体收入，为每个村民购买一定量的家庭用电。通过访谈及实地查看得知，租赁的大棚中已经种植了西瓜、芹菜等。

盐西村蔬菜大棚基地工程的实施，增加了盐西村的集体收入，能够惠及每个移民家庭，项目效益显著。

图 4－2　盐西村蔬菜大棚基地工程

2. 创业就业技能培训

除了发展特色产业外，库区移民后期扶持资金还广泛地被用于移民创业就业技能培训。创业就业技能培训一般由当地移民局组织，主要涉及与移民生产能力相关的行业培训，例如养殖技术、种植技术、家政技能、特殊技能等。

这种统一组织的创业就业技能培训，一方面，使移民获得了一技之长，增加了移民的就业创业渠道；另一方面，通过培训使移民对当前劳动力市场的需求状态和需求方向有了更广泛和深入的了解，便于移民的劳动技能结构调整。总之，创业就业技能培训推动了移民生产能力的提升，在移民中很受欢迎。

案例 4－3

孟州市移民干部培训及致富带头人培训项目

2018 年孟州市移民干部培训及致富带头人培训为 2016 年大中型水库移民后期扶持结余资金项目，项目总投资 9.2 万元。培训时间为：2018 年 5 月 15 日至 2018 年 5 月 20 日。培训主要内容为：针对移民村干部及致富带头人等进行了后期扶持政策、农业产业化知识培训并进行了实地考察。

村民 CXF 是孟州市大定办陈湾村一组的村民，高中文化。

项目实施前：村民 CXF 主要经营小型自动化农副产品包装厂；在做包装的同时，他也关注农产品的开发、管理、销售，也发现了国家政策对三农的倾斜重视，于是萌发了大干农业的想法。刚好村里建起了十亩大棚，在移民局的指导下，大棚种植了八亩草莓和两亩牛奶吊瓜，然而 CXF 自己和村里的其他村民都缺乏种植管理技术，使得新建设的大棚不能充分发挥效益。

项目实施：2018 年 5 月孟州市移民局组织各移民村致富带头人和村干部等到各市县，进行了农业推广、交流学习等活动。移民 CXF 积极参与，培训过程中认真学习。

项目实施后：CXF 将学到的先进种植技术传授给村里的其他村民，在 CXF 的带领下，水果大棚的效益较之前大为改观。草莓园开园后，每天前来采摘的人数平均不低于百人，节假日时能够达到千人以上，在移民局和村两委的帮助下，还修建了 200 米通往园区的道路。

目前缘合种植合作社已经带动滩区 8 个村和 6 个种植基地模式的改变，安置了陈湾村 3 个贫困户和 40 名 50 岁以上闲置劳动力，并为村里 60 岁以上老人提供了免费的鲜果品尝。受草莓园的影响及合作社的辐射带动，陈湾村周边先后有 5 家农户也着手筹建设施大棚，向着采摘休闲农业方向发展。在移民局的引导下，缘合种植合作社先后配合农业局、扶贫办带领槐树乡、赵和镇和化工镇的各村贫困户、种植户到外省市学习新的种植技术，用缘合农副产品包装厂的人脉关系，进行了农业推广、交流学习等活动，使孟州农民逐渐改变了大田种植的观念，向着新型农业、智慧农业、设施农业的思路转变。

2018 年孟州市移民干部培训及致富带头人培训项目，不但从技术方面给了移民帮助，而且帮助移民开阔了眼界，移民就业创业有了新的方向，也为村民增收致富创造了条件，项目取得了良好的效益。

案例 4－4

中药材加工种植技能培训项目

温县移民技能培训项目（中药材加工种植技能培训）为 2015 年度第四批大中型水库后期扶持结余资金项目，项目总投资 10 万元。培训主要内容为：开展中药材加工培训 13 期，发放资料 1200 份，培训人员 400 余人次，重点培训了 34 名种植户到安徽亳州现场考察中药材加工技术。

温县有许多移民种植丹参、防风、金银花等中药材，虽然中药材比小麦、玉米等粮食作物经济效益高，但是如果管理不善，风险较大。

项目实施前：大部分移民的中药材种植、管理水平有限，移民需要承担较大的风险。

项目实施：温县移民局组织中药材种植大户赴安徽考察学习，并且邀请了安徽、河北中药材生产加工基地的专家到移民村授课。

项目实施后：移民的中药材种植栽培、病虫防治等技术水平得到很大的提高，并在专家的帮助下做了市场行情分析。被访移民表示技术培训让他从“土专家”变成了“田秀才”，中药材的产量每亩增加约 120 斤。

中药材种植加工培训项目，提高了移民种植管理技能，有效保障了药材种植收成，同时也为村民增收致富创造了条件，项目取得了良好的效益。

第五节　本章小结

本章在英国国际发展署构建的生计资本研究框架下，根据评价系统的内涵及特征，以及调研的内容，在评价指标体系构建原则的指导下，提出一套由5个一级指标和23个二级指标组成的综合评价指标体系，并综合应用因子分析、主成分分析等统计学分析方法，制定综合指数的计算规则。利用2018年12月在济源市进行的库区移民后期扶持监测评估调查问卷，搜集数据，进行实证研究。

实证研究分两部分进行。首先，对样本移民户的自然资本、物质资本、人力资本、金融资本和社会资本五个方面分别给予分析；其次，根据所调查的样本村移民安置方式的不同，分为移民新村和分散安置村两个群体，分别分析两个群体在五种生计资本上的差异，并就差异性做统计检验。

研究发现：整村安置和分散安置两种方式下，移民只在自然资本和物质资本两种指数下存在显著差异，且整村安置情况下物质资本综合指要高于分散安置，而分散安置方式下自然资本存量要高于整村安置。但是，其他三种生计资本指数，以及生存质量综合指数在两种方式下均未呈现显著差异。

库区移民后期扶持政策的实施，后期扶持基金和项目的落实，极大地改善了移民安置村和移民新村的村容村貌，这些项目的受惠方不仅为安置移民，更包含了所有的安置村居民，因此在群众中得到了广泛的好评，并增进了移民户与原居民之间的经济融合和社会融合程度。经过移民后扶项目的多年实施，改善了移民分散安置村和移民新村的生产基础设施和生活环境，使得移民生存硬环境和硬实力增强，同时通过产业建设和技能培训等项目，不断提升移民软实力，从而为库区移民生存质量提升创造条件。

第五章　库区移民生存质量要素作用机理

第一节　库区移民生存质量要素测度体系

一、生计资本衡量体系构建

水库建设打破了居民原有的生存环境平衡，一方面，库区移民享受政府的特殊补贴；另一方面，又暴露在生产、生活、社会融合等多种矛盾之下。因此，对库区移民生计问题的探讨从未停止。在借鉴已有研究成果和相关理论的基础上，遵循客观性、整体性和可操作性原则，充分考虑库区移民生计环境和影响因素，最终确定将库区移民的生计资本分为五类：人力资本、自然资本、物质资本、金融资本和社会资本。并借助移民后期扶持调查，从中挑选可测指标构建结构方程模型，以探讨五类生计资本之间的作用机理。库区移民生计资本研究指标体系见表 5 - 1。

表 5-1　　水库移民生计资本研究指标体系

潜在变量	可测（显性）变量	内涵
人力资本	学历； 劳动力占家庭人口比重； 家庭总人口	反映移民户家庭的人力资本状况，包括劳动力的数量结构和质量水平
自然资本	耕地总面积； 水浇地面积占耕地面积的比重； 住房面积； 砖混房屋	移民户的自然资本主要是土地和房屋，分别从数量和质量两个方面考量移民户的自然资本状况
物质资本	电视机； 电冰箱； 洗衣机； 手机； 电动车/摩托车； 财产净收入	家庭财产是财富累积的主要衡量指标，对于移民而言，白色家电、黑色家电和绿色家电的积累情况是物资资本的主要体现。财产净收入主要指移民用家庭财产所赚取的收入，包括房租等，虽未见移民户出租房子情况，但将移民户房屋按照当地房租水平进行租金估计，作为该移民户的虚拟财产净收入
金融资本	经营性收入； 工资性收入	经营性收入主要指农产品生产及相关收入；工资性收入只要指外出打工等获得工资收入，这是移民户收入的主要来源
社会资本	转移性收入； 后扶直补资金； 社会关系	社会资本反映移民户的社会关系网络。转移性收入包括政府各种补贴，其中后扶直补资金是专门针对移民给予的财政补贴，具有指向性。社会关系是通过问卷调查得到的移民户是否存在在政府部门工作的亲戚

注：根据中国库区移民收入来源的特殊性，将财产净收入和转移性收入分别进行了相应调整。

二、生存质量要素作用机理假设

本书在可持续生计理论的基础上，结合库区移民生存因素和影响过程，提出以下假设。

H1　人力资本对金融资本、自然资本、社会资本均具有显著正向作用。

H1 -1　移民户家庭劳动力数量对家庭所拥有的住房和土地面积具有正向作用。

H1 -2　经过调查发现，移民户中青壮年劳动力多数选择外出打工，劳动力的质量决定了他们的劳动技能和能够赚取的收入，而老年人多数留在家里务农，劳动力的数量在一定程度上也决定了经营性收入的水平。

H1 -3　由于社会资本反映了政府补贴等转移性收入的作用，家庭人口数量会极大地影响到这些转移收入的数量，因此人力资本对社会资本具有正向作用。

H2　自然资本对金融资本和物质资本均具有显著正向作用。

H2 -1　移民户所拥有的土地数量和质量对以农业生产为主的经营性收入水平有积极作用。

H2 -2　移民户拥有的房屋数量和等级会对财产收入产生积极作用，同时房屋和土地数量也在一定程度上决定了家庭耐用消费品的消费水平。

H3　社会资本对金融资本和物质资本均具有显著正向作用。

H3 -1　移民户的社会关系网络能够为移民生产生活提供便利，从而有效地助力收入提升。

H3 -2　移民户所接受的政府补贴有利于家庭的财产积累和等级的提升。

H4　金融资本对物质资本具有显著正向作用。

调查发现，移民户的经营性收入和工资性收入是家庭收入的主体，这部分资本存量的大小决定了家庭财产的积累程度。

第二节　库区移民生存质量要素作用机理测度模型

一、结构方程模型

结构方程模型（Structural Equation Modeling，SEM）是行为与社会领

域量化研究的重要统计方法，也被称为“潜在变量模型”“线性结构关系模型”“协方差结构分析”“验证性因素分析”等，它融合了传统多变量统计分析中的“因素分析”与“线性模型中的回归分析”的统计技术，对于各种因果模型可以进行模型识别、估计和验证。在量化研究取向的多变量统计方法中，已经有越来越多的学者开始利用 SEM 进行测量模型和假设模型图的验证。

一个完整的结构方程模型包括两个次模型：测量模型（Measurement Model）和结构模型（Structural Model）。测量模型描述的是潜在变量（Latent Variables，无法观察的变量或理论变量）如何被相对应的显性指标（Manifest Indicators，观察指标或实证指标）所测量或概念化；结构模型指的是潜在变量之间的关系，以及模型中其他变量无法解释的变异量部分。结构方程模型是一种渐进式的学习方法，它整合了因素分析和路径分析两种统计方法，同时验证模型中包含的显性变量、潜在变量、干扰或误差变量间的关系，进而获得自变量对因变量影响的直接效果、间接效果和总效果。

结构方程模型方法也是一种验证性的方法，必须由理论或经验法则支持，由理论来指导，在理论引导下才能构建假设模型图，即使是模型的修正，也必须依据相关理论，特别强调理论的合理性。SEM 分析的核心是变量的协方差：利用变量间的协方差矩阵，观察出多个连续变量间的关联方式，这是结构方程模型的描述性功能；反映出理论模型所导出的协方差与实际搜集数据的协方差间的差异，这是结构方程模型的验证性功能。

二、生存质量要素作用机理结构模型

结构模型表示潜在变量之间的因果关系，潜变量分为外因潜变量和内因潜变量，分别表示作为原因的潜变量和作为结果的潜变量。库区移民生存质量要素测度体系共包括 5 个潜变量，分别为人力资本、物质资本、自然资本、社会资本和金融资本。根据生存质量要素作用机理的理论假设，构建各潜变量作用路径，形成生存质量作用机理测度结构模型（潜变量结构关系），如图 5－1 所示。

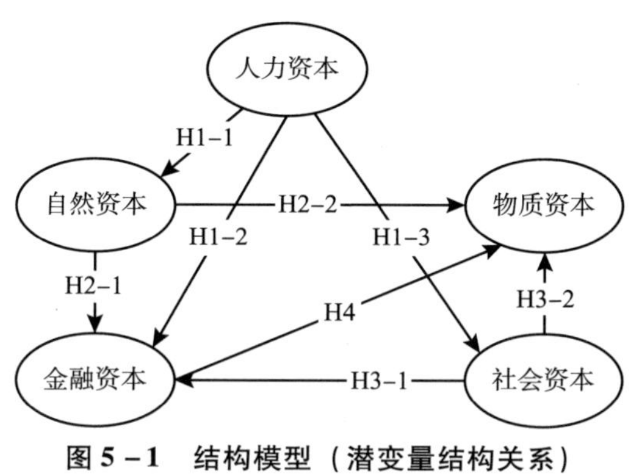

图 5－1　结构模型（潜变量结构关系）

在生存质量要素作用机理结构模型中，人力资本对自然资本、金融资本和社会资本具有积极单向作用关系；自然资本对物质资本和金融资本具有积极单向作用关系；社会资本对物质资本和金融资本具有积极单向作用关系；金融资本对物质资本具有积极单向作用关系。

各潜在变量之间的作用关系用结构方程式表示，在生存质量要素作用机理结构模型中，用 y_1，y_2，y_3，y_4，y_5 分别表示人力资本、自然资本、物质资本、金融资本和社会资本，其中人力资本（y_1）为外生潜变量，其余 4 个潜变量都为系统的内生潜变量，则各潜变量的结构方程式为

$$y_2 = \alpha_{02} + \alpha_{12}y_1 + \varepsilon_2$$

$$y_3 = \alpha_{03} + \alpha_{23}y_2 + \alpha_{43}y_4 + \alpha_{53}y_5 + \varepsilon_3$$

$$y_4 = \alpha_{04} + \alpha_{14}y_1 + \alpha_{24}y_2 + \alpha_{54}y_5 + \varepsilon_4$$

$$y_5 = \alpha_{05} + \alpha_{15}y_1 + \varepsilon_5$$

式中，ε_i 是残差，表示内生变量无法被外生潜变量和系统内生潜变量解释的部分，对于残差项的估计和修正，就是对结构方程结构模型的优化。

三、生存质量要素作用机理测量模型

测量模型由潜在变量与观察变量（测量变量或外显变量）组成，测量模型可以表示为一组观察变量的线性函数关系。观察变量通常是用量表或调查问卷获得的数据，用来将潜在变量的抽样概念具体化和数据化。一个潜在变量需要两个以上的观察变量才能进行估计，不同观察变量的协方差，反映了潜在变量的共同影响。

生存质量因素作用机理系统共设置了5个潜变量，根据常规的移民生产生活调查问卷基本形式，对每一个潜变量设定一系列的观察指标，构成生存质量作用机理测度测量模型，如图5－2所示。

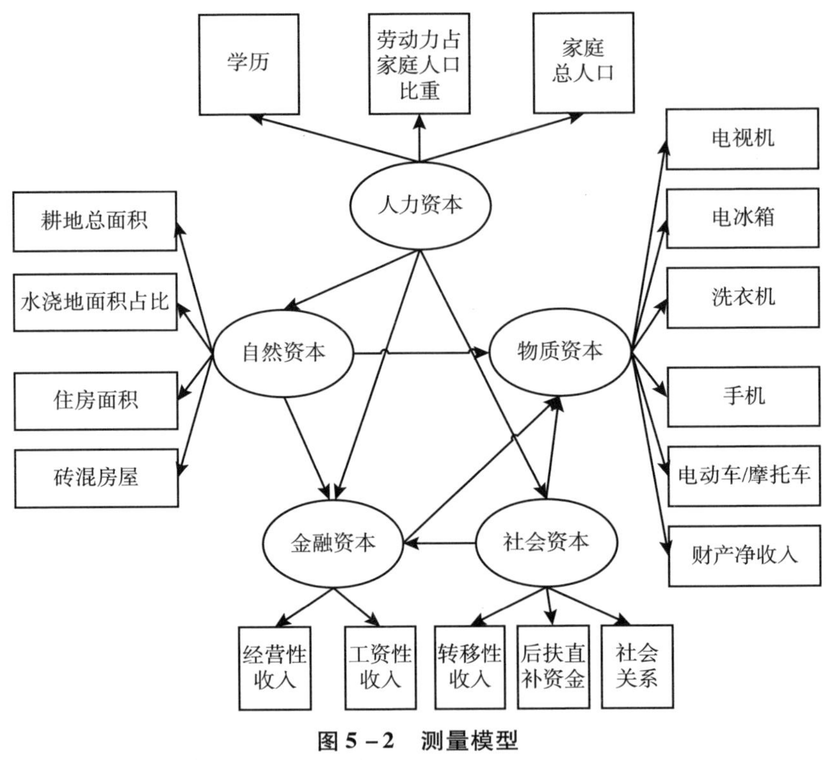

图5－2　测量模型

四、模型估计方法

结构方程模型估计方法有很多，包括工具变量法（Instrumental Variables，IV 法）、两阶段最小平方法（Two-stage Least Squares，TSLS 法）、未加权最小平方法（Unweighted Least Squares，ILS 法）、一般化最小平方法（Generalized Least Squares，GLS 法）、一般加权最小平方法（Generally Weighted Least Squares，GWLS 法）、极大似然法（Maximum Likelihood，ML 法）、对角线加权平方法（Diagonally Weighted Least Squares，DWLS 法）。较为常用的是 ML 法，以及 GLS 法。当研究对象数据是大样本并且数据符合多变量正态性时，可以使用卡方检验，不过，这时用 ML 法是最为合适。如果数据为大样本，但是不符合多变量正态性的假设，那么使用 GLS 法较为合理。

结构方程模型估计方法与样本量存在较大关系，当样本数大于 500 时，使用 ML 法较好；当样本量小于 500 时，采用 GLS 法进行估计精确度较高。库区移民生存质量和生计资本的数据主要来自社会调研，鉴于移民的居住较为分散，调查具有一定的困难，所得数据很难达到 500 以上。此外，针对目前我国水库移民集中安置和分散安置并存的安置现状，调研所得数据通常无法满足正态性分布的前提假设，因此在实际研究过程中，需要根据社会调研数据的实际情况选择合适的估计方法，在经费和人力条件允许的情况下，获得最大量的样本，就能够较大地满足样本量和分布特征的假定，从而获得更加精确的测度和估计结果。

第三节　案例分析

一、数据来源

本章研究数据来自2017年1～2月在南海水库库区进行的库区移民后期扶持监测评估调查问卷。南海两水库位于河南省安阳市善应镇，是洹河上游联合运用的大（中）型梯级水库，始建于1958年，经多次续建而成水库，总库容1.07亿立方米，控制流域面积970平方公里。南海两水库承担着安钢集团等省市重点企业的工业供水任务和下游18万亩农田灌溉任务，安阳市区、京广铁路等重要交通干线及下游人民群众生命和财产安全的防洪任务，是安阳市的重要水源地和防洪屏障。本书调查以已安置的移民为样本对象，采用访谈调研和问卷调查相结合的方式。

南海水库移民采用分散方式进行安置，分布较广，由于条件限制，样本的选取采用整群抽样的方法进行，从南海水库涉及的安阳县移民安置点中随机抽选了8个移民安置村（善应镇白玉村、黑玉村、珍珠村、东山村、大平村、张二庄村、三仓村，安丰乡英烈村）进行调查，移民样本户抽取比例为所在村组总移民家庭户数的5%～10%，并要求不少于15户。同时，考虑到收入水平对生活质量的重要性，原则上要求按照经济收入高、中、低为2∶6∶2的比例抽取样本户。经过数据的搜集和整理，最终收集的样本户收入水平基本遵循了这一比例原则。安阳县水库移民后期扶持调查问卷共125份，其中有效问卷120份，有效回收率为96%。

在最终确定的有效样本中，8个村各15份，从受访人员性别分布看，男性占50.8%，女性占49.2%；从受访者受教育程度分布看，高中学历占4.2%，初中学历占44.2%，小学学历占44.2%，文盲占7.5%；从年龄分布看，40 岁及以下的受访者占 5.8%，40～50 岁的受访者占 22.5%，50～60 岁的受访者占 37.5%，60 岁以上的受访者占 34.2%。样本的分布状态整体显示良好，性别分布较为平均，由于样本村年轻人多数外出打工，故造成抽取样本整体文化水平偏低，主要集中在初中及小学文化水平区间内；年龄层次普遍偏高，主要集中在 50 岁以上人群。由于文化和年龄水平的限制，初次收集的样本数据存在较大质量问题，后续对数据进行了大量清理和优化处理。

二、数据预处理

（一）数据清理

由于受访移民文化水平的限制，以及对收入数据的敏感性，往往存在受访移民低估收入水平，而高估消费支出的现象。针对这一问题，在调查过程中调整访问题目的顺序，首先观察家庭主要财产状况，然后询问家庭打工人口及消费支出水平，在确定了生活基本水准后再让受访者提供家庭年收入水平，经过实践，极大地降低了误差率。数据收集之后，对于收入水平与均值相差较大，且与该家庭打工人口不成比例的样本，采用电话回访的方式，进一步确认数据的准确性，最大限度地保证原数据的精确度。

（二）缺失值插补

利用逻辑关系进行数据清理后形成一批缺失数据，主要集中在收入指标内，经过电话回访对存在错误的缺失值进行了重新确认，此外仍有部分联系不上的受访户，这些样本的缺失值采用同村其余样本相同指标的平均值来插补替代。

（三）正态检验

调查研究中所用指标分为定距、定序和定类指标，其中定类指标不需进行正态性检验，对定距和定序指标，应用 Shapiro - Wilk 检验进行正态性检验，结果发现，研究所用的 18 个指标的伴随概率均小于 0.05，则所有变量均为非正态分布。

（四）样本分类

2016 年河南省农村居民人均可支配收入为 11697 元，以此为界，将样本户人均可支配收入（家庭经营净收入、工资性收入、转移净收入、财产净收入总和）高于 11697 元的认定为高收入群体，共有 49 户，低于 11697 元的认定为低收入群体，共有 71 户。

（五）估计方法

SEM 分析的所有模型估计方法中，ML 法和 GLS 法使用最为广泛，但是其使用条件是样本数据量大并且假设观察数据符合多变量正态性。本书研究所用指标基本都不符合正态分布假设，因此采用 PLS - SEM 方法进行参数的估计，并采用 SmartPLS 软件对样本数据进行检验。SmartPLS 对样本数据量和分布特征要求均较低，根据本书研究数据情况，十分适用，首先运行 PLSAlogrithm 算法验证测量模型，然后运行 Bootstrapping 算法分析结构模型。

三、模型检验与优化

（一）模型优度

模型的优度检验包括信度和效度检验。信度用来判断量表的结果是否可信，通过复合信度 *CR* 值和 α 变量的值进行测量。效度包括聚合效度和区别效度，聚合效度主要检验问项与对应变量间的相关程度，可通过平均提取方差 *AVE* 值来观察；区别效度检验问项与对应变量的相关度是否高于该问项与其他变量的相关度，可通过比较各变量 *AVE* 值平方根与变量之间的相关系数来观察。

从模型的优度检验指数结果看，高收入群体和低收入群体模型中存在部分潜变量 *AVE*、*CR* 和 α 值较低的情况，但是考虑到模型对比分析的需要，仍然保留了相关的结构模型和测量模型基本范式。适配度指标计算结果见表 5－2。

表 5－2　适配度指标计算结果

项目	变量	人力资本	物质资本	金融资本	社会资本	自然资本
全体样本	*AVE*	0.6036	0.4170	0.5054	0.4889	0.3269
	CR	0.7519	0.7774	0.5902	0.7019	0.1394
	α 值	0.3473	0.6566	－0.1426	0.5104	－0.1444
高收入群体	*AVE*	0.4201	0.2666	0.7056	0.4435	0.4912
	CR	0.3011	0.6074	0.1236	0.6687	0.7363
	α 值	－0.2358	0.4747	－1.9324	0.4632	0.5270
低收入群体	*AVE*	0.4605	0.4311	0.5317	0.5790	0.3570
	CR	0.5441	0.7829	0.3496	0.7997	0.1809
	α 值	0.2675	0.6736	－0.3734	0.6415	－0.1718

（二）路径系数

以 120 个水库移民户为样本，利用调查数据拟合结构方程测量模型，测算路径系数，得到样本总体生存因素作用机理规律。根据以上样本分类方法，分别对高收入和低收入群体分别拟合测量模型，得到两个收入群体的影响因素作用机理规律。三个结构模型的路径系数测量结果见表5－3。

表5－3　　三个结构模型的路径系数测量结果

作用路径	全体样本		高收入群体		低收入群体	
	直接路径	间接路径	直接路径	间接路径	直接路径	间接路径
人力资本→金融资本（T值）	0.479	—	0.158	—	0.527	—
	4.558		2.318		4.999	
人力资本→自然资本（T值）	0.433		0.240		0.455	
	5.925		1.991		6.466	
自然资本→物质资本（T值）	0		0.777		0	
	0		13.961		0	
社会资本→金融资本（T值）	-0.334	—	-0.570	—	-0.354	—
	3.586		8.617		3.799	
社会资本→物质资本（T值）	0		0		-0.402	
	0				3.827	
金融资本→物质资本（T值）	0.581	—	0	—	0.313	—
	11.120				3.107	

四、库区移民生存质量要素作用机理

（一）人力资本作用机理

人力资本显著作用于金融资本和自然资本，但对社会资本无任何作用。

（1）对于低收入群体：人力资本对金融资本和自然资本均具有显著促进作用，且强度均较大，分别为0.527和0.455；库区移民的人力资本对物质资本无直接作用关系，但以金融资本为中介对物质资本有间接作用，间接作用强度为0.165。

（2）对于高收入群体：人力资本对金融资本的作用强度仅为0.158，明显低于低收入群体；人力资本对自然资本的作用强度也相应下降，仅为0.240；人力资本仍然对物质资本无直接作用关系，但是通过自然资本的传导路径，最终对物质资本产生了强度为0.186的积极作用。

对于库区移民而言，家庭劳动力结构十分重要，青壮年劳动力普遍出去打工，是家庭的主要收入来源，老人、妇女和儿童多数留守，进行简单的种植或养殖工作，仅够维持家庭生存所需，基本无法获得多余收入。因此人力资本等级越高的移民户其获得收入的渠道和水平越高，金融资本积累越多，也越愿意获得更多更好的自然资本。对于低收入群体而言，收入水平的提升使得他们采购更多更高档的家庭财产，从而提升生存质量；而高收入群体已在较高收入档次，收入的边际效用普遍较低，家庭住房需求的边际效用反而更高，对住房质量等自然资本有更高需求，促使家庭财产等物质资本有了相应完善。

（二）自然资本作用机理

自然资本对金融资本无任何作用，对物质资本的作用机理随收入层次不同而变化。

对于低收入群体：自然资本对其他生计资本无任何作用。对于高收入群体：自然资本也仅对物质资本具有强度为0.777的积极作用。

虽然在测量模型中，用以表征自然资本状态的可测变量稍有差异，但是都是对房屋和土地资本的描述。由此可见，对于低收入群体，家庭拥有的耕地和房屋等自然资本数量和等级相对较低，同时由于收入水平的限制，使得低收入移民户几乎不会因为自然资本的提升而增加物质财产的积累；对于高收入群体，盖新房或是租用更多的土地等改变体现出其对家庭物质财产较强烈的需求，从而形成稳定的作用途径。

（三）社会资本作用机理

社会资本对金融资本具有显著的消极作用，但是对物质资本的作用关系随收入层次不同而发生变化。

对于低收入群体：社会资本对金融资本的消极作用强度为 -0.354，对物质资本同时存在强度为 -0.402 的消极作用。社会资本越高说明接受社会补贴越多，家庭状况越不好，同时说明该模型由于客观限制，无法探讨更多的社会关系情况。

对于高收入群体：社会资本对金融资本的消极作用强度为 -0.570，但是对物质资本无明显作用存在。高收入群体已经摆脱吃低保、靠补贴的生存阶段，具有一定的谋生和创收手段，因此模型中的社会资本对金融资本是具有反作用的，同时高收入群体的物质资本已经较为丰富，且主要来自于其他创收手段，并非依靠社会补贴和扶持资金。

（四）金融资本作用机理

对于低收入群体：金融资本对物质资本具有强度为 0.313 的正向作用。

对于高收入群体：金融资本未对任何其他生计资本产生有效影响。

对于库区移民而言，高收入群体的金融资本已经积累到一定的程度，主要收入的提升并未显著地增加家庭物质财产的积累：而低收入群体，其家庭物质资本是匮乏的，随着收入的增长家庭财产的消费量也会相应提升，这种同向变动的关系稳定下来。

低收入移民样本户和高收入移民样本户的标准化路径参数估计结果分别如图 5-3 和图 5-4 所示。

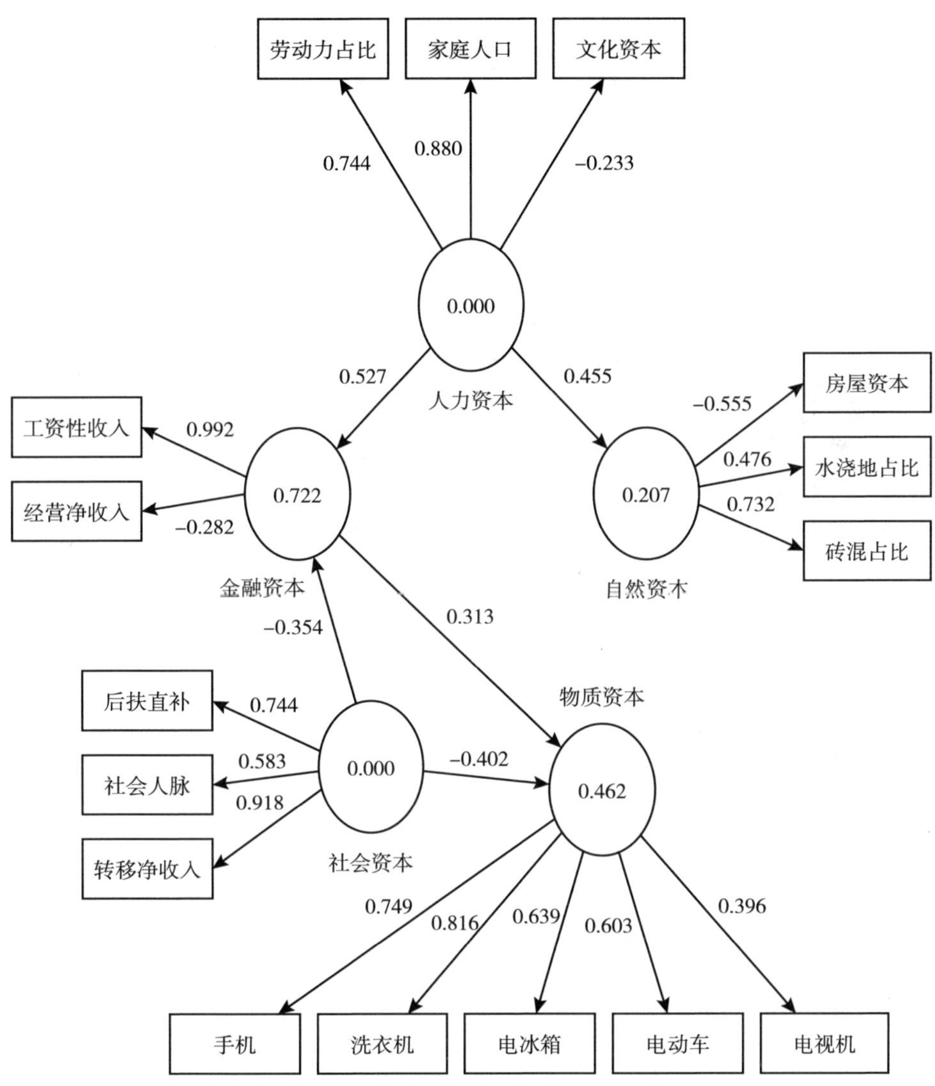

图 5-3　低收入移民户样本的标准化路径参数估计结果

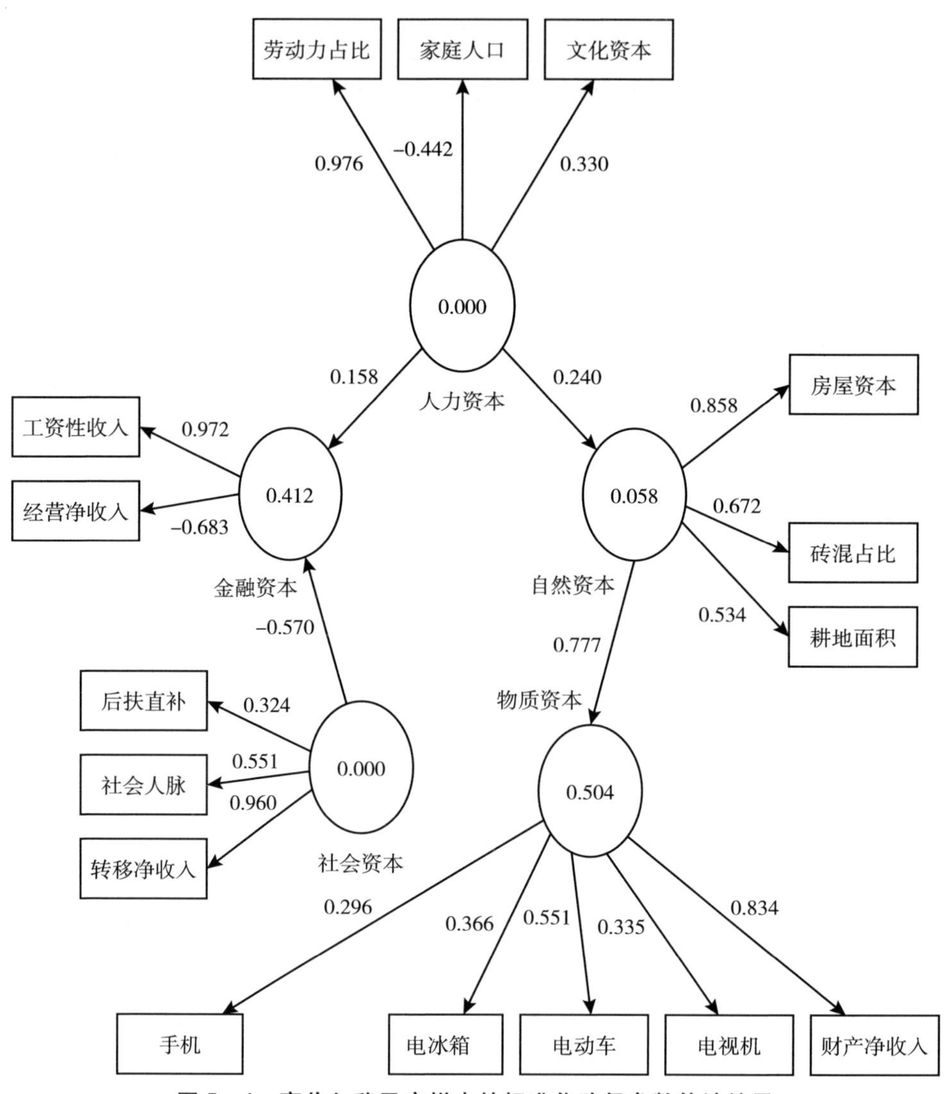

图5-4　高收入移民户样本的标准化路径参数估计结果

五、库区移民生计资本提升策略

从医学角度而言，生存质量是指不同文化和价值体系中的个体对于自身目标、期望、标准、所关注事物及生存状况的体验。通常用医学量表来测量。通过对库区移民的深度访谈，可将移民所期望的目标归纳为两点，一是收入的提升；二是家庭状况的好转。在本书研究中，分别表现为金融资本和物质资本的改善，前述分析已经得出，高收入和低收入群体在生计资本作用机理上存在不同，因此生存质量提升路径也会表现出差异。

1. 增强库区移民人力资本建设，提升家庭收入水平，优化家庭收入结构

研究发现不论家庭收入水平如何，人力资本对提升收入的作用十分显著。对于库区移民而言，人力资本主要体现在劳动力的数量和文化程度上。在与移民户的访谈中也发现，南海库区移民创收渠道过于单一和低端化，仅仅依靠以土地为基础的农业经营，以及低端化的一些重体力劳动工作作为收入的主要来源，不仅收入水平较低，而且由于低收入会降低消费水准和质量。家庭中若有高素质的劳动力，不仅整体家庭收入会有所提升，而且对未来的预期也会更乐观。

因此提升库区移民收入水平，应着力提升移民的人力资本水平。当前中国农村地区人力资本正在发生变革：教育对农民已经起了越来越深的作用，农民不仅重视高中和职业技术教育，而且能够在农业上有所创新。建议相关职能部门为库区移民提供更优质的基础教育资源，以提升库区移民下一代的预期收入；生命安全和保障成为农民考虑的首要因素，为库区移民提供更充实的医疗保障，纳入商业保险制度，解除移民户对疾病的恐惧，同时防患于未然，通过定期体检提升移民的身体素质；农民已经开始从事服务业，农民已经成为一种职业，而非身份，因此必须深入调研，组织并加大转移就业技能培训，引导农民自主创业，并进行动态跟踪管理和

提供后续服务，确保库区移民能顺利将学到的生产技能转化为实际收益，提高家庭收入水平，优化家庭收入结构。

2. 构建合理完善的社会资本网络，推动移民收入水平的提升

研究结果表明，对于高收入和低收入群体而言，社会资本均未有效提升家庭的经营和工资性收入水平。随着信息网络化时代的到来，社会资本可为生计提供更多的机会，降低生计资本。调研发现，南海库区移民社会关系较为简单，由于与原居住地联系渠道的受阻，而在融入迁入地的社会网络过程中会遇到各种各样的问题，社会资本正向作用的变异。

因此移民在搬迁后，除了经济融合问题要得到高度重视外，移民的社会融合问题更应该加强关注。移民接受了政府给予的各项补贴，但是普遍反映力度不够，并不能有效提升家庭收入，甚至会因为补贴分配的问题而产生负面情绪，库区移民集体上访的现象时有发生。相关部门除了积极疏导外，更可借助于驻村干部、乡村法庭等多种形式深入基层解决移民户与当地居民之间的矛盾，加深彼此之间的理解，助力库区移民快速融合，构建合理稳定的社会资本网络。

同时应加大政府的帮扶程度。政府给予的扶持和保障措施不应成为水库移民收入的主要来源和渠道，政府的职能是积极引导移民快速顺利地寻找适合自身情况的谋生手段和途径，实现收入的多元化快速增长。为此，政府应加大生产开发项目力度，提高直补资金、项目基金等的管理能力，使“资金项目化、项目集体化，收益全民化”，切实发挥好移民生活改善路径上领航员的职能。

3. 合理引导，提升消费水平，优化消费结构

研究表明，对于高收入群体家庭资产量未受到其他生计资本的显著影响，而低收入群体却显著受益于金融资本的积累。调查发现，库区移民中能够顺利进行过渡和融合的往往生活水平相对较高，家庭财产配备已达到当地平均水平，对未来家庭财产并未有过多需求。而低收入群体生活拮据，家庭财产普遍缺乏，需求较强。整体来看，低收入群体家庭财产普及

低，等级差。

根据经济学原理，消费能力主要取决于收入水平，同时也受消费习惯和群体的影响。对于库区移民而言，普遍认为家庭财产与当地平均水平相等即可，固有的消费习惯和消费群体使得移民对生活质量的要求较低。根据马斯洛需求理论，人在基本的生理需求得到满足后，会产生更高等级的安全和社会需求。对于库区移民而言，当收入稳定后，需对其进行合理引导，减少对低端消费品的购买，通过优质消费品的引入，优化移民户乃至农村居民的消费结构，将食品安全、教育安全、医疗安全等安全需求提升至首要考虑的位置，关注和购买更安全、更合理的产品与服务。

4. 继续发挥政府扶持和保障措施的效用

政府扶持和保障措施在不同收入水平群体中作用机理差异较大，整体而言扶持和保障措施效用仍有较大上升空间。

政府给予移民的保障措施的三条路径作用机理呈现不同特点：对于高收入群体和移民整体而言，政府给予的多种保障措施并未提升他们的收入水平；对于低收入群体而言，政府保障越多，收入水平越高。政府保障措施对所有移民类群的消费水平都具有显著的正向作用。对于移民整体而言，保障措施会降低生活资产的累积，对于高收入群体而言，保障措施与生活资产没有作用关系；对于低收入群体而言，保障措施有利于生活资产的积累。

第四节　本章小结

本章在前述章节建立的库区移民生存质量评价指标体系的基础上，利用南海水库的库区移民后扶监测评估调研数据，根据指标和数据搜集状况，经过进一步地修正和完善，最终形成包括自然资本、物质资本、人力资本、金融资本和社会资本五个部分的生存质量指标体系，并以这五个部分为库区移民生存质量影响因素（潜变量），搭建生存质量复杂网络模型。根据生计资本理论分析，设定四个前提假设。

H1 人力资本对金融资本、自然资本、社会资本均具有显著正向作用。

H2 自然资本对金融资本和物质资本均具有显著正向作用。

H3 社会资本对金融资本和物质资本均具有显著正向作用。

H4 金融资本对物质资本具有显著正向作用。

以调研数据为基础，根据库区移民人均可支配收入水平，将所有样本划分为高收入群体和低收入群体，应用偏最小二乘估计方法，分别对高收入和低收入群体模型进行拟合和修正，形成饱和的稳定的复杂网络结构，并测算出各因素间的路径系数及显著性检验结果，进行对比分析。

本书研究发现：针对 H1，人力资本显著作用于金融资本和自然资本，但对社会资本无任何作用；针对 H2，自然资本对金融资本无任何作用，对物质资本的作用机理虽收入层次不同而变化；针对 H3，社会资本对金融资本具有显著的消极作用，但是对物质资本的作用关系随收入层次不同而发生变化；针对 H4，高收入群体中，金融资本未对任何其他生计资本产生有效影响；对低收入群体而言，金融资本对物质资本具有正向作用。由此可见，收入阶层不同，生存质量影响因素的作用机理存在一定的差异，总而言之，收入水平提升，生存要素的作用更偏重于对生存质量的影响。

第六章　库区移民生存质量发展绩效

第一节　库区移民生存质量发展绩效测算模型

一、发展阶段划分

水库移民后期扶持政策的最终目标是提高移民生活质量。在消费理论中消费水平是影响生活质量的主要因素，收入水平是影响消费水平的主要因素。对于水库移民而言，国家后期扶持政策对其收入水平产生了不可忽视的作用。

因此构造政策实施效果的两阶段传导路径：第一阶段反映后扶政策对移民收入水平的作用机理，其测算的效率值代表后扶政策的直接效率；第二阶段反映移民收入水平对其生活质量的作用，该阶段测算的效率值与第一阶段效率值进行汇总，表现为后扶政策的间接效率。将第一阶段、第二阶段的作用机理进行整合，则为后扶政策的综合效果（直接效率和间接效率）。库区移民生存质量发展两阶段效率测算技术路线如图 6 - 1 所示。

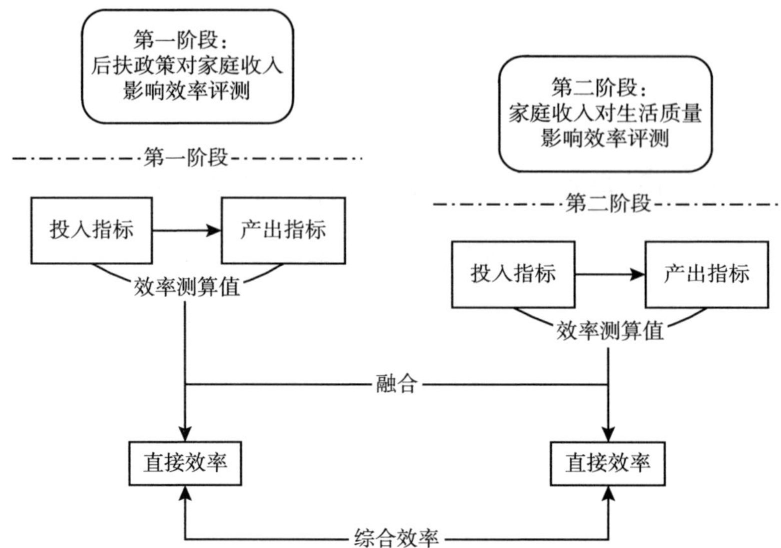

图6－1　库区移民生存质量发展两阶段效率测算技术路线

二、测算指标体系

根据水库移民后扶政策作用机理的推导，分别构建两阶段效率测算指标体系，各测算指标和指标解释见表6－1。

表6－1　两阶段效率测算指标体系

阶段		投入指标		产出指标	
第一阶段	后扶政策对于家庭收入影响效率测算指标体系	人均后扶直补资金/元 人均耕地面积/亩 人均社会保障性收入/元	反映移民后扶政策和其他补贴政策的实施	人均转移净收入/元 人均经营净收入/元 人均工资净收入/元 人均财产净收入/元	反映水库移民的各种收入水平

续表

阶段		投入指标		产出指标	
第二阶段	家庭收入对于生活质量影响效率测算指标体系	人均转移净收入/元 人均经营净收入/元 人均工资净收入/元 人均财产净收入/元	反映水库移民的各种收入水平	人均食品烟酒支出/元 人均医疗保健支出/元	反映消费水平和消费结构（基本生活需求和安全需求）

注：①人均社会保障性收入是指除了后扶直补资金外的转移净收入，包括养老金或退休金、社会救济与补助、政策性生产补贴、政策性生活补贴、报销医疗费、住户之间的赡养收入等；②四大类收入的核算口径和内容与国家统计局相关指标一致。

三、数据来源和基本描述

本章研究仍以第五章南海水库安置的移民为样本对象，采用访谈调研和问卷调查相结合的方式获得指标和数据。根据表6-1构建的库区移民后期扶持政策效率测算指标体系，将120个样本户按照家庭人均收入水平不同平均分为5个层次，每个层次有24个样本户，收入从低到高依次为：低收入户、中等偏下收入户、中等收入户、中等偏上收入户、高收入户，并分别测算出各层次收入水平在测算指标下的均值，详见表6-2。

表6-2　　各收入档次库区移民效率测算基本指标均值

收入水平	第一阶段投入指标			第一阶段产出指标 第二阶段投入指标				第二阶段产出指标	
	人均后扶直补资金/元	人均耕地面积/亩	人均社会保障性收入/元	人均转移净收入/元	人均经营净收入/元	人均工资净收入/元	人均财产净收入/元	人均食品烟酒支出/元	人均医疗保健支出/元
低	448	0.24	2906	3354	348	1950	489	1189	1304

续表

收入水平	第一阶段投入指标			第一阶段产出指标 第二阶段投入指标				第二阶段产出指标	
	人均后扶直补资金/元	人均耕地面积/亩	人均社会保障性收入/元	人均转移净收入/元	人均经营净收入/元	人均工资净收入/元	人均财产净收入/元	人均食品烟酒支出/元	人均医疗保健支出/元
中等偏下	390	0.37	1541	1931	586	6234	567	1351	1008
中等	327	0.30	832	1159	471	8833	600	1755	1113
中等偏上	292	0.23	629	921	788	10324	550	1527	1161
高	412	0.24	1284	1696	779	12360	448	2138	2144
均值	374	0.28	1438	1812	594	7940	531	1592	1346

（一）第一阶段的投入指标

库区移民后期扶持政策对生存质量影响效率测算的第一阶段中，投入指标为人均后扶直补资金、人均耕地面积和人均社会保障性收入，所有样本在这两个指标上的平均水平为374元、0.28亩和1438元。

1. 人均后直补资金指标的相关情况

由于家庭人口中并非所有人都领取每年600元的后扶直补资金，因此人均374元的水平反映出平均一个享受后扶直补待遇的库区移民同时要维持另外一个人的生活。并且从各个收入阶层的人均水平看，人均后扶直补资金最低的为中等偏上阶层的移民家庭，人均只有不到300元；最高的为低收入阶层，人均近450元。这主要是因为低收入家庭中通常库区移民偏多，且家庭成员较少，多数为两位老人，除政府补贴和转移收入（低收入阶层人均社会保障性收入最高，达到2906元）外，不具备其他的收入创造能力，因此在人均后扶直补资金上较高，但是在收入总水平上较低。

2. 人均耕地面积指标的相关情况

人均耕地面积与当地农村土地分配规则相关，因此差异不大。

3. 人均社会保障性收入指标的相关情况

人均社会保障性收入采用除移民直补资金以外的其他转移性收入总和来表示，体现了社会救助和扶持的基本情况。从收入阶层的差异性看，收入越低的阶层，其社会保障性收入相对越高，同时高收入阶层由于社会保障的参与程度相对较高，因此社会保障收入也相对较高。

（二）四大类收入指标

库区移民四大类收入既是第一阶段的产出指标，同时也是第二阶段的投入指标。从所有样本户的平均水平看，工资性收入是最主要的收入来源，占到收入总额的67%，其次为转移性收入，占收入总额的15%。可见，对于库区移民家庭而言，外出务工，第二、第三产业安置是其生活来源的主要部门，同时仍保有一部分的农业经营，但是所占份额已很小。从收入阶层的变化看，随着库区移民家庭收入等级的提升，工资净收入也有所上升，其变动趋势较为明确，转移性收入、经营净收入和财产净收入所占份额较小，同时变动趋势也不明确。

（三）第二阶段的产出指标

第二阶段的产出指标为生活质量的衡量指标，包括人均食品烟酒支出和医疗保健支出。从总体平均情况看，两种消费支出基本持平，说明经过多年工程移民后期扶持政策的实施，库区移民生活质量已经有了明显的提升，粗略计算的恩格尔系数在下降，移民在保障基本温饱的情况下，更加关注安全和健康层次的需求。从这个角度看，生存质量提升的效果是比较显著的。凯恩斯的绝对收入消费理论指出：收入水平是影响消费的最主要因素。因此随着收入水平的提升，样本户在各个消费种类上的消费水平也有所提升，保持了较一致的发展方向，可见生计问题得到解决后，生活质量也会得到明显的优化。

第二节　数据包络分析方法

DEA 是 1978 年由美国著名的运筹学家查恩斯（Charnes）和库伯（Cooper）等学者提出，以数学规划模型比较决策单元（Decision Making Unit，DMU）之间的相对效率的一种效率评价方法。常用的 DEA 模型是规模报酬不变模型（Charnes & Cooper & Rhodes，CCR）和规模报酬可变模型（Banker & Charnes & Cooper，BCC）。

CCR 模型假设 DMU 处于固定规模报酬情形下，对综合效率的测量。BCC 模型假设决策单元 DMU 处于变动规模报酬情形下，对纯技术和规模效率的分解。

一、固定规模报酬模型（CCR）

CCR 模型可表示为

$$
\begin{cases}
\min\theta \\
\text{s. t.} \ \sum_{j=1}^{t} \lambda_j x_j + S^- = \theta x_0 \\
\sum_{j=1}^{t} \lambda_j y_j - S^+ = y_0 \\
\lambda_j,\ S^-,\ S^+ \geqslant 0,\ j = 1,\ 2,\ \cdots\cdots,\ t
\end{cases}
\tag{6-1}
$$

在 CCR 模型中，假设最优解为 θ^*、λ^*、S^{*-}、S^{*+}，则可得出以下结论。

（1）$\theta^* = 1$ 且 $S^{*-} = 0$，$S^{*+} = 0$，则该 DMU 为 DEA 有效，决策单元的经济活动同时为技术有效和规模有效。

（2）$\theta^*=1$，至少某个投入或产出大于 0，则决策单元为弱 DEA 有效，决策单元的经济活动不是同时为技术效率最优和规模最优。

（3）$\theta^*<0$，决策单元为非 DEA 有效，经济活动既不是技术效率最优，也不是规模最优。

二、可变规模报酬模型（BCC）

BCC 模型可表示为

$$\begin{cases} \min\theta \\ \text{s.t.}\ \sum_{j=1}^{t}\lambda_j x_j + S^- = \theta x_0 \\ \sum_{j=1}^{t}\lambda_j y_j - S^+ = y_0 \\ \sum_{j=1}^{t}\lambda_j = 1 \\ \lambda_j \geqslant 0,\ j=1,2,\cdots\cdots,t \\ S^-,\ S^+ \geqslant 0 \end{cases} \tag{6-2}$$

在 BBC 模型中，假设最优解为 θ^*、λ^*、S^{*-}、S^{*+}，则有以下结论。

（1）$\theta^*=1$，则决策单元为弱 DEA 纯技术有效。

（2）$\theta^*<1$，则决策单元为 DEA 纯技术无效。

（3）$\theta^*=1$，且 $S^{*-}=0$，$S^{*+}=0$，则决策单元为 DEA 纯技术有效。

数据包络分析方法测算的综合效率可分解为规模效率（Scale Efficiency）和纯技术效率（Pure Technical Inefficiency）。

综合效率（Crste）= 纯技术效率（Vrste）× 规模效率（Scale）（6-3）

纯技术效率是规模效率下的技术效率，反映企业由于管理和技术等因素影响的生产效率；规模效率是纯技术效率下的规模效率，反映由于企业规模因素影响的生产效率。本书研究将综合效率分解为两阶段进行：第一阶段纯技术效率定义为水库移民后期扶持政策安置方式，规模效率定义为后扶政策投入的规模；第二阶段纯技术效率定义为消费观念，规模效率定义为家庭收入。

三、DMU 的确定

本书研究运用 DEA 模型进行移民后扶政策效率测算的文献，发现 DMU 的确定方法比较单一。刘建林、茹秋瑾（2013）及黄洪坤等（2014）多数以区域属性为划分基础，而没有考虑到不同收入水平下移民特征的差异。将河南省安阳县 120 个样本户分为低收入户、中等偏下收入户、中等收入户、中等偏上收入户、高收入户。每个等级看作一个 DMU，选择评估模型，对投入产出指标进行综合分析，构造最佳生产前沿面，把每个 DMU 与构成的最佳生产前沿面进行比较，从而得出各收入层次水库移民后期扶持政策实施的相对效率。

第三节　库区移民生存质量阶段性绩效的测算与分析

一、综合效率的一般测算与分析

常规的效率测算方法为指数测算，这种测算方法是指将某一过程的投入和产出指标汇总为相应的统计指数，通过产出与投入指数值的对比，对该过程的投入产出效率进行简单的测算和衡量。由于效率测算指标体系中，指标的单位和数量级不统一，无法直接计算指数，因此首先对所有指标进行正态分布标准化（Z 标准化），将其化作无单位的数值，标准化后的指标值见表 6－3。

表 6－3　各收入档次库区移民效率测算基本指标 Z 标准化值

收入阶层	第一阶段投入指标			第一阶段产出指标 第二阶段投入指标				第二阶段产出指标	
	人均耕地面积	人均后扶直补资金	人均保障收入	人均经营净收入	人均工资性收入	人均转移净收入	人均财产净收入	人均食品烟酒支出	人均医疗保健支出
低	-0.1138	0.4022	-0.1342	-0.3929	-1.3281	0.6752	0.6658	-0.6728	-0.0346
中等偏下	0.3274	0.0886	0.1142	-0.0140	-0.3783	0.0523	0.0467	-0.4064	-0.2396
中等	0.0864	-0.2560	0.2196	-0.1967	0.1979	-0.2861	-0.2750	0.2622	-0.1625
中等偏上	-0.1566	-0.4409	0.0630	0.3090	0.5285	-0.3905	-0.3676	-0.1131	-0.1385
高	-0.1435	0.2061	-0.2626	0.2946	0.9799	-0.0508	-0.0699	0.9300	0.5751

两个阶段投入和产出指标是一个指标系统，为了能够更加完整地提取数据信息，采用因子分析计算各阶段投入和产出指数值。首先，在投入指标群和产出指标群中，利用主成分分析方法，分别提取一个公共因子，并利用线性回归模型计算每个因子的因子得分，将其作为各阶段投入和产出指标群的统计指数值；其次，通过计算得到五个收入档次三个统计指数的平均值；最后，利用产出指数/投入指数测算各个阶段的综合效率值，测算结果见表 6－4。

表 6－4　各收入档次库区移民效率测算基本指标 Z 标准化值

收入等级	第一阶段投入指数	第一阶段产出指数	第二阶段产出指数	第一阶段效率值	第二阶段效率值
低	56.05	59.06	45.64	1.05	0.77
中等偏下	49.81	52.32	48.86	1.05	0.93
中等	46.85	47.65	52.90	1.02	1.11

续表

收入等级	第一阶段投入指数	第一阶段产出指数	第二阶段产出指数	第一阶段效率值	第二阶段效率值
中等偏上	46.00	46.06	50.17	1.00	1.09
高	51.29	44.91	52.43	0.88	1.17

注：经过因子分析提取的因子得分，数值较为分散，并存在负值，造成计算出的效率值存在负值，不利于理解和分析。为此，在得到样本因子得分的基础上，通过 Z 标准化，T 指标化过程（$T=10\times Z+50$），最终得到取值为 0 ~ 100 的统计指数指，并计算得到两个阶段的效率测算值。

第一阶段后扶直补政策对于移民家庭收入影响效率测算结果显示，中等偏上收入的效率值达到 1，直观来看，一单位的政策扶持和补贴投入能够换成一单位的产出，体现单位效率的属性，既不存在效率缺失，也没有超值效率的体现。收入相对较低的三个档次，第一阶段的效率值均超过 1，说明对于低收入群体而言，一单位后扶直补资金和社会保障类资金的投入，能够为家庭带来超过一单位的收入提升，政府后扶政策是积极的、超值的和有效的，并且成为低收入家庭创收的主要手段之一；相反，高收入群体由于有更多的创收途径和手段，因此转移性和保障性收入的增长并未得到相应的效果，但是这种积极作用是存在的，只是与其他四种收入水平的移民家庭相比，作用的强度要薄弱。

第二阶段家庭收入对于移民生活质量影响效率测算结果显示，高收入和中等收入的移民家庭户收入提升对生活质量的作用是强烈的，这些移民家庭收入已经进入到一个较高的档次，基本的生计问题基本得到解决，收入的提升使得移民家庭更多地考虑教育、医疗等生存质量方面的需求，消费结构升级和不断优化；而低收入移民家庭群体，多数情况下是无劳动能力的老人组成，或者家庭成员有大病或残疾等特殊情况，保障和补贴政策收入是家庭主要收入来源，基本温饱问题还未彻底解决，多数是建档立卡贫困户，因此收入提升并未积极地提高他们的生存质量，反而，低收入移民户越是收入水平有所提升，则健康条件越有所改善，同时由于政府对其优惠和减免政策逐年增加和改善，则他们花费在医疗保健上的支出会更少，从而表现出效率低的问题，但这恰恰是库区移民后期扶持政策对低收入群体的红利和正向作用的体现。

二、综合效率的DEA测算与分析

上述通过统计指数构造计算效率值的方法，优势是简单直观，但是这种方法会忽略到群体的边界问题，在测算效率的时候通常应在一个群体中去考虑，在群体中选择不同效率的个体和单位，而数据包络分析方法恰恰在这一方面表现良好，因此采用数据包络分析方法进一步测算库区移民后期扶持政策对移民家庭生存质量的作用和效果。

2015年和2016年两阶段综合效率的测算采用加权平均方式得到。第一阶段按照测算指标体系计算综合效率，将四种综合效率进行加权平均作为第一阶段总效率，权重为各个收入占比，即该收入占总收入的比重；第二阶段同样按照指标体系计算出四个效率，再对四种效率进行加权平均得到第二阶段总效率。对两阶段分别分析后扶政策有效性，水库移民后期扶持政策有效的必要条件是两阶段均有效。

（一）第一阶段综合效率分析

第一阶段加权综合技术效率和分析效率的对比结果见表6－5。

表6－5　第一阶段加权综合技术效率和分技术效率对比（2015年和2016年）

DMU	总效率		分效率							
	技术效率		经营净收入		工资净收入		转移净收入		财产净收入	
	2015年	2016年	2015年	2016年	2015年	2016年	2015年	2016年	2015年	2016年
低收入户	0.686	0.697	0.307	0.454	0.149	0.160	1.000	1.000	0.926	0.933

续表

DMU	总效率		分效率							
	技术效率		经营净收入		工资净收入		转移净收入		财产净收入	
	2015 年	2016 年	2015 年	2016 年	2015 年	2016 年	2015 年	2016 年	2015 年	2016 年
中等偏下收入户	0.605	0.592	0.510	0.557	0.464	0.452	1.000	1.000	0.833	0.771
中等收入户	0.921	0.792	1.000	0.535	0.900	0.766	1.000	1.000	1.000	0.975
中等偏上收入户	0.992	1.000	0.923	1.000	1.000	1.000	1.000	1.000	0.913	1.000
高收入户	1.000	0.996	1.000	1.000	1.000	1.000	1.000	1.000	1.000	0.882
均值（综合效率）	0.841	0.815	0.748	0.709	0.703	0.676	1.000	1.000	0.934	0.912

安阳县后期扶持政策实施的平均技术效率水平较高，各收入层次利用现有资源的能力较强，规模报酬不变的条件下2015年和2016年安阳县水库移民综合效率分别为0.841和0.815，可见，2016年各收入层利用现有后扶投入资源提高家庭人均收入的能力比2015年低。

1. 基于收入水平的综合效率对比分析

安阳县第一阶段后期扶持政策的实施对提高移民收入的平均效率较高，但对各个收入层次的效率仍存在较大差异。低收入群体的效率偏低，高收入群体的效率偏高，完全有效的收入群体集中在高收入户和中等偏上收入户，效率最低的集中在低收入户和中等偏下收入户。2015年后扶政策投入对于高收入户效率为1，完全有效，不存在冗余。但对于低收入户和中等偏下收入户效率偏低，分别为0.686和0.605，说明低收入户和中等偏下收入户对于后扶政策投入资源的利用效率偏低。2016年后扶政策投入对于中等偏上收入户效率为1，完全有效。但对于低收入户和中等偏下收入户效率偏低，分别为0.697和0.592，说明后期扶持政策的实施对于低收入户和中等收入户家庭收入提高没有发挥最大的效果，后期扶持政策仍然存在较大的提升空间。从平均技术效率水平和各收入层次的具体情况来看，不同收入层次群体实现投入—产出最大化的能力差异较大。

2. 基于收入种类的综合效率对比分析

2015 年和 2016 年第一阶段的经营净收入和工资净收入的平均技术效率均低于综合技术效率；转移净收入和财产净收入的平均技术效率高于综合技术效率。

（1）经营净收入作为产出效率，2015 年和 2016 年的平均效率为 0.748 和 0.709。其中高收入户 2015 年和 2016 年的效率均为 1，完全有效；低收入的效率最低，分别为 0.307 和 0.454。说明高收入群体利用后扶政策投入资源增加经营净收入的能力最高；低收入户利用后扶政策增加经营净收入的能力较低。

（2）工资净收入户作为产出效率，2015 年和 2016 年的平均效率分别为 0.703 和 0.676。2015 年和 2016 年中等偏上收入户和高收入户的效率均为 1，不存在冗余，完全有效。说明对于中等偏上收入户和高收入户利用后扶政策投入增加家庭收入的能力最强。其中低收入户的效率最低为 0.149 和 0.160，后扶政策投入对于增加低收入户工资净收入的能力较低。同时后扶政策投入增加工资净收入的能力和家庭人均收入的多少成正比例关系。这是因为工资净收入是家庭收入的主要构成有关。

（3）转移净收入作为产出效率，2015 年和 2016 年的平均效率均为 1，不同收入层次的效率也为 1。说明后扶政策投入对于转移净收入完全有效，且不存在不同收入层次效率的差异。

（4）财产净收入作为产出效率，2015 年和 2016 年的平均效率为 0.934 和 0.912，相对较高。其中 2015 年完全有效的收入层次为中等收入和高收入户；2016 年完全有效的收入层次为中等偏上收入户。其他收入层次的效率差异不大，均集中在 0.83 ~ 0.97，不同收入层次群体对于后扶政策投入资源的利用能力相对较高。

（二）第二阶段综合效率分析

第二阶段加权综合技术效率和分技术效率对比结果见表6－6。

表6－6　第二阶段加权综合技术效率和分技术效率对比（2015年和2016年）

DMU	总效率		分效率							
	技术效率		经营净收入		工资净收入		转移净收入		财产净收入	
	2015年	2016年	2015年	2016年	2015年	2016年	2015年	2016年	2015年	2016年
低收入户	1.000	1.000	1.000	1.000	1.000	1.000	0.300	0.302	0.732	0.573
中等偏下收入户	0.701	0.654	0.774	0.632	0.358	0.335	0.450	0.421	0.601	0.517
中等收入户	0.738	0.740	0.905	1.000	0.323	0.326	1.000	0.913	0.719	0.635
中等偏上收入户	0.648	0.568	0.929	0.532	0.270	0.243	1.000	1.000	0.863	0.602
高收入户	0.728	0.708	0.563	0.800	0.274	0.287	0.805	1.000	1.000	1.000
均值	0.763	0.734	0.834	0.793	0.445	0.438	0.711	0.727	0.783	0.665

安阳县2015年和2016年水库移民后期扶持政策第二阶段综合技术效率相对较高，效率分别为0.763和0.734，但相对于第一阶段的0.841和0.815均有所下降。说明水库移民利用现有收入提高生活质量的能力低于利用现有后扶政策投入资源提高生活收入的能力。

1．基于收入水平的综合效率对比分析

2015年和2016年低收入户第二阶段的效率为1，完全有效，不存在冗余。低收入户家庭人均收入相对较低，较多的收入多用于消费，储蓄较少。其他层次收入户的效率差异较小，全都集中在0.56～0.74。其中中等收入户和高收入户的综合技术效率都集中在0.7～0.75，相对较高。中等收入户和高收入户群体更加注重增加消费来提高家庭生活质量。中等偏下收入户和中等偏上收入户2016年的效率相较于2015年均有所下降。中等偏上收入户的综合技术效率最低。说明中等偏上收入户在现有收入水平下的消费水平相对于其他收入层次较低，中等偏上收入户还有较大的消费空间来提高居民生活质量。

2. 基于收入种类的综合效率对比分析

2015 年经营净收入和财产净收入的效率高于 2016 年；2015 年工资净收入和转移净收入的效率低于 2016 年。其中 2015 年和 2016 年经营净收入均大于综合技术效率；2015 年和 2016 年工资净收入和转移净收入均小于综合技术效率；2015 年的财产净收入大于综合技术效率，2016 年的小于综合技术效率。

（1）2015 年和 2016 年第二阶段经营净收入作为收入的效率均值分别为 0. 834 和 0. 793。低收入户 2015 年和 2016 年的效率均为 1，完全有效，说明低收入户利用经营净收入来进行消费提高家庭生活质量的能力较强。换言之，经营净收入是低收入户进行消费的主要收入来源。2016 年中等收入户的效率也为 1，不存在冗余。2015 年高收入户的效率最低为 0. 563，2016 年效率最低的为中等偏上收入户，高收入户 2016 年的消费较 2015 年有所提高，中等偏上收入户在现有经营净收入水平下的消费水平有很大提升空间。

（2）2015 年和 2016 年工资净收入作为产出的效率均值分别为 0. 445 和 0. 438。2015 年和 2016 年低收入户的工资净收入效率为 1，完全有效，不存在冗余，说明低收入户利用现有工资净收入提高生活水平的能力较强。其他层次收入户的工资净收入效率较低，集中在 0. 24 ~ 0. 35，说明其他收入层次的移民户在现有的工资净收入水平下进行消费的水平较低。

（3）转移净收入作为投入的效率，收入低的移民户效率较低，收入高的移民户效率相对较高。

（4）财产净收入作为投入的效率，2015 年和 2016 年高收入户的效率均为 1，其他收入层次移民户 2016 年的效率相较于 2015 年均有所下降，则其利用现有财产净收入提高生活质量的能力有所下降。

三、综合效率因素分解

（一）第一阶段效率因素分解

两阶段移民后扶政策效率因素拆解对比结果见表6－7。

表6－7　　两阶段移民后扶政策效率因素拆解对比（2015年和2016年）

DMU	第一阶段效率分解						第二阶段效率分解					
	技术效率		纯技术效率		规模效率		技术效率		纯技术效率		规模效率	
	2015年	2016年	2015年	2016年	2015年	2016年	2015年	2016年	2015年	2016年	2015年	2016年
低收入户	0.686	0.697	0.694	1.000	0.988	0.697	1.000	1.000	1.000	1.000	1.000	1.000
中等偏下收入户	0.605	0.592	0.654	0.664	0.925	0.892	0.701	0.654	0.835	0.782	0.840	0.836
中等收入户	0.921	0.792	1.000	0.834	0.921	0.950	0.738	0.740	0.982	0.956	0.752	0.774
中等偏上收入户	0.992	1.000	1.000	1.000	0.992	1.000	0.648	0.568	0.924	0.781	0.701	0.727
高收入户	1.000	0.996	1.000	1.000	1.000	0.996	0.728	0.708	1.000	1.000	0.728	0.708
均值	0.841	0.815	0.870	0.900	0.965	0.907	0.763	0.734	0.910	0.854	0.804	0.809

2015年和2016年第一阶段的投入产出对于高收入户完全有效，其他各收入层效率存在较大差异。收入高的群体效率较高，收入低的群体效率较低。第一阶段效率偏低主要是规模技术低下造成，即后期扶持政策投入不足。

2015 年和 2016 年第一阶段综合效率的均值分别为 0.841、0.815。2015 年高收入户和 2016 年中等偏上收入户效率为 1，冗余为 0，规模收益为不变，说明在 2016 年该阶段的后扶投入对于高收入群体完全有效，高收入群体在纯技术效率和规模效率都是最优状态，不需要调整后扶政策安置方式，也不需要增加投入或者产出，更不需要改变规模。

（1）对于低收入户，2015 年的纯技术效率小于规模效率，纯技术效率的无效性大于规模效率的无效性。低收入户第一阶段效率低下主要是由于移民安置方式不恰当。2016 年纯技术效率为 1，规模效率为 0.697，纯技术效率的无效性是由于规模效率无效，政府 2016 年后扶投入不足。

（2）对于中等偏下收入户，2015 年和 2016 年纯技术效率的无效性均大于规模效率的无效性，效率低下主要由规模效率低下，对于中等偏下收入户存在后扶政策投入不足。

（3）对于中等收入户，2015 年纯技术效率为 1，2016 年技术效率不高是由于规模效率不高，后扶政策不足。2016 年纯技术效率小于规模效率，效率低下主要由于纯技术效率不足。2016 年政府加大了对于中等收入户的后扶投入，却出现了对于移民不恰当的扶持方式。

（4）对于中等偏上收入户，2016 年纯技术效率和规模效率完全有效。2016 年的效率不足主要是由于规模效率低下造成，后扶投入不足。

（5）对于高收入户，2015 年纯技术效率和规模效率完全有效。2016 年纯技术效率为 1，规模效率为 0.996。综合效率无效是由于规模效率无效造成，后扶政策对于高收入户的投入不足。

（二）第二阶段效率因素分解

2015 年和 2016 年第二阶段综合效率的均值分别为 0.763 和 0.734。纯技术效率的均值分别为 0.910 和 0.854，规模效率的均值分别为 0.804 和 0.809。

2015 年和 2016 年低收入户的技术效率均为 1，完全有效，不存在冗余。低收入户利用现有收入进行消费提高生活水平的能力相对最优。规模效率不足是第二阶段效率低下的主要原因，即第二阶段存在明显收入不足。中等偏下收入户中，2015 年和 2016 年均存在规模效率大于纯技术效率，规模效率的无效性小于纯技术效率的无效性，不存在收入投入不足。对于中等收入户，2015 年和 2016 年的纯技术效率均大于 0.950，且技术效率均大于规模效率，规模技术效率的无效性大于纯技术效率的无效性，存在收入和消费不匹配，消费过多但收入不足。2015 年和 2016 年中等偏上收入户技术效率为 0.648 和 0.568，纯技术效率分别为 0.924 和 0.781，规模效率分别为 0.701 和 0.727。规模效率的无效性大于纯技术效率的无效性，出现效率不足的主要原因是家庭收入不足。高收入户 2015 年和 2016 年纯技术效率均为 1，效率不足完全由于规模效率不足造成。

第四节　本章小结

（1）水库移民户利用后扶政策提升收入水平的效率与其收入水平正相关，不同收入的综合效率差异较大，大部分综合效率不足主要由规模报酬效率低下造成。

对于低收入户政府应加大对于水库扶持资金和人力物力的投入，但是低收入户的转移净收入已达到饱和，应该在其他方面增加投入，比如增加人均耕地面积、家庭财产补贴等方式提高低收入人群的家庭收入。中等偏下收入户 2015 年和 2016 年的后扶政策对于家庭收入的效率均偏低，其无效性主要由后扶政策投入不合理造成。政府应该调整对于水库移民的直接补贴，可以增加对移民区的基础建设的投入，间接提高移民收入水平，进而提高移民生活水平。中等收入户 2015 年的无效性更多由技术效率低下造成，2016 年主要由规模效率低下造成。对于该层次的收入移民户应该更加注重加大面向水库移民的后扶政策的投入，进而增加家庭收入，提高生活质量。中等偏上收入户 2015 年存在后扶投入不足造成的无效，2016 年调整了投入实现了效率 1 的完全有效。对于高收入户在 2015 年技术效率为 1，效率不足完全由规模效率不足造成，规模收益递增，政府应当加大对水库移民转移净收入之外的投入，提高移民家庭收入。

（2）水库移民利用收入提升生活质量的效率普遍低于利用政策创收的效率，规模效率不足是综合技术效率不高的主要原因。

家庭收入影响消费，消费水平决定生活质量，家庭收入在后扶政策投入和家庭生活质量之间起着重要的桥梁作用，提高水库移民生活应从根源上提高家庭人均收入。在后扶政策提高家庭收入的第一阶段中，后扶投入不足是效率不高的主要原因，政府应加大对于水库移民的后扶直补资金、人均耕地面积等后扶政策投入，同时应改变对于中等偏下收入户和中等收入户的安置方式，将后扶投入一部分分散在基础设施建设等方面，减少后扶投入利用不充分造成浪费，以此来提高移民家庭人均收入，缓解第二阶段家庭人均收入投入不足造成的效率低下，增加消费，提高家庭生活质量。

第七章　库区移民生存质量体系的协调发展

第一节　生存质量系统协调发展的内涵

生存质量测度体系是众多因素非线性网络化关联系统，生存质量因素作用机理分析疏通了因素之间的关联关系和传导机制，作用机理只确定传导关系，并无法测度各因素之间协调发展水平，而对于一个复杂系统，内部各子系统或子要素的平衡协调发展至关重要，任何一个部分的超前发展或者滞后发展，都会带来系统的非平衡问题，严重的甚至可能会引起整个系统的崩塌。

学术界对系统协调发展的研究较为丰富，多数集中于经济系统内部各因素或结构之间，以及经济与社会之间协调发展水平的测度和分析上。刘俊等（2020）构建指标体系评价云南省农业可持续发展水平，并利用耦合协调度模型测度评价体系中子系统的耦合协调性，对其协调关系进行分析。张年、张诚（2020）以新农村的经济、交通、生态环境构造系统，在阐述系统内三要素作用机理的基础上，利用耦合协调度模型对经济—交通—环境的协调发展水平进行分析。廖斌、王婷（2020）关注精准扶贫与生态保护之间的耦合关系，以系统工程视角，对二者间耦合关系的内涵、功能、目标进行界定，并构建了贫困地区精准扶贫与生态环境保护的协同理论框架。王钊等（2020）利用耦合协调度模型测度战略性新兴产业与传统产业的协调发展水平，并利用面板数据模型探讨产业间协调发展度对经济增长的影响。孙雷等（2020）借助耦合协调度模型，对皖江城市带的“经济—社会—环境”系统的耦合发展进行测度，并探讨协同协调发展的时空特征，归纳系统协调发展变动规律。

前述研究已构建“人力—自然—物质—金融—社会”五大资本要素的库区移民生存质量评价系统，生存质量系统协调发展的内涵包括两个层面：一是评价系统内部各要素之间的耦合协调发展水平，包含10个协调度测度三级指标，分别为人力与自然资本协调度、人力与物质资本协调度、人力与金融资本协调度、人力与社会资本协调度、自然与物质资本协调度、自然与金融资本协调度、自然与社会资本协调度、物质与金融资本协调度、物质与社会资本协调度、金融与社会资本协调度；二是生存质量与所属地区经济发展水平的协调度，涉及生存质量系统和经济发展系统。

第二节　协调发展水平测度

系统协调发展水平的测度方法较多，常见的有相关系数测度方法、统计指数测度方法等。常规方法计算简便，但是系统权重的确定带有一定的主观性，且对系统与系统之间协调性的内涵理解片面。耦合原是物理学中用来表示两个及两个以上系统之间相互作用和影响的测度指标。通过耦合模型测度系统的耦合协调水平，正的耦合度表示系统之间是相互促进的，负的耦合度表示系统之间是相互抵消的，存在摩擦和矛盾。

耦合度的计算分为两个部分：一是系统发展指数的测度；二是系统之间耦合协调度的测度。系统发展指数在通过构造指标体系的基础上采用加权方式得到指数值，通常采用熵权法作为权重确定方式，传统熵权法会出现零值、负值等问题，不利于后续耦合协调度的测算，本书采用改进的熵权法作为系统发展指数的测度方法。

一、系统发展指数测度

系统发展指数以不等权加权方式获得，权重的确定采用改进的熵权法，以下是确定步骤。

1. 数据标准化

原始指标单位不同，需对数据进行标准化处理。常用的标准化处理方法包括 Z 标准化和极差标准化方法，Z 标准化方法虽能充分利用序列信息，但是标准化后数据取值范围不定，对于后续的归一化和耦合度计算不利。因此采用极差标准化方法处理数据，并借鉴武宁杰（2019）的方法对数据进行调整，使得标准化处理后数据取值范围为［0.1，1］。数据标准化方法为

$$x_{ij}^{*}=\frac{x_{ij}-\min(x_{1j},\ x_{2j},\ \cdots,\ x_{mj})}{\operatorname{range}(x_{1j},\ x_{2j},\ \cdots,\ x_{mj})}*0.9+0.1 \qquad (7-1)$$

式中，x_{ij}表示第 i 个样本在第 j 个指标上的取值，其中 $i=1,\ 2,\ \cdots,\ m$；$j=1,\ 2,\ \cdots,\ n$，评价系统中共有 m 个样本和 n 个指标。x_{ij}^{*} 表示经过标准化处理过的样本取值。

2. 计算权重 p_{ij}

以标准化数据矩阵［x_{ij}^{*}］$_{m*n}$为基础，首先计算 i 样本的 j 指标在该指标序列中的权重 p_{ij}为

$$p_{ij}=\frac{x_{ij}^{*}}{\sum_{i=1}^{m}x_{ij}^{*}},\ i=1,\ 2,\ \cdots,\ m;\ j=1,\ 2,\ \cdots,\ n. \qquad (7-2)$$

3. 计算第 j 个指标的信息熵 e_j

$$e_j=-\frac{1}{\ln m}*\sum_{i=1}^{m}p_{ij}*\ln(p_{ij}) \qquad (7-3)$$

4. 计算第 j 个指标的权重 w_j

$$w_j = \frac{1 - e_j}{n - \sum_{i=1}^{n} e_j} \tag{7-4}$$

5. 以熵权法确定的指标权重为基础，采用加权的方法计算综合指数

综合指数计算方法为

$$G_i = \sum_{j=1}^{n} x_{ij}^{*} * w_j \tag{7-5}$$

二、耦合协调度测度

耦合度通常被用来表示系统之间耦合作用的强度，在已有文献中，学者针对耦合度计算方法的优缺点和改进方法做了一定研究。经过汇总和对比，最终决定采用刘春林（2017）改进的耦合度计算方法，系统 1（G_1）与系统 2（G_2）之间的发展耦合度为

$$c = \left[\frac{G_1 G_2}{\left(\frac{G_1 + G_2}{2} \right)^2} \right]^2 \tag{7-6}$$

生存质量系统和经济系统，以及生存质量系统内部各子系统之间存在错综复杂的关系，耦合度容易受到指数数值的影响而出现错判的情况，因此引入耦合协调度指标来反映系统之间的综合作用关系。本书采用式（7-7）计算两个系统的耦合协调度，该方法将系统 1 和系统 2 看作一个整体，用加权的方式衡量整体的发展水平，以此为参数对原有协调度进行调整。该方法既反映系统耦合程度，同时将系统综合发展水平纳入衡量，计算公式为

$$\begin{cases} t = \alpha G_1 + \beta G_2 \\ D = (c * t)^{1/2} \end{cases} \tag{7-7}$$

式中，D 为两个系统的耦合协调度；α 为第一个系统的权重，β 为第二个系统的权重，分别表示两个系统构成的综合体系中，各自的重要程度。在

库区移民生存质量系统研究中，五个因素的重要程度相当，因此第一、第二系统的权重分别为0.5。

三、综合评价指标体系

第四章建立了库区移民生存质量综合评价系统，该系统包括5个一级指标和23个二级指标，见表7－1。

表7－1　库区移民生存质量综合评价指标体系

一级指标	二级指标
自然资本	人均耕地面积/亩
	水浇地面积占比/(%)
	人均住房面积/平方米
物质资本	房屋质量（0＝危房；1＝正常）
	冲水式厕所（0＝没有，1＝有）
	家庭财产指数（电视机、电冰箱、洗衣机、空调、电脑、热水器、电动车、摩托车、小汽车、手机等）
	基础设施指数（卫生所、幼儿园、小学、垃圾集中处理、健身器材）
人力资本	家庭总人口/人
	劳动力占比/(%)
	外出务工人口占比/(%)
	受高等教育人口比例/(%) $=\frac{\text{高中及以上文化水平人口}}{\text{家庭总人口}}\times 100$
	移民占比/(%)
	非住院人数占比 $=1-\frac{\text{住院人数}}{\text{总人口}}$
金融资本	人均经营净收入/元
	人均工资性收入/元
	人均转移净收入/元
	人均财产净收入/元
	人均家庭消费支出总额/元
	家庭恩格尔系数 $=\frac{\text{食品烟酒支出}}{\text{家庭消费支出总额}}$

续表

一级指标	二级指标
社会资本	移民后扶直补资金/元
	社会扶持总金额/元 = 社会救济和补助 + 政策性生产补贴 + 政策性生活补贴 + 住户之间赡养费
	是否参加大病统筹医保（1 = 参加，0 = 未参加）
	是否参加社保（1 = 参加，0 = 未参加）

第四章建立的库区移民生存质量综合评价系统包括自然、物质、人力、金融和社会资本五个方面，可作为综合评价实践的参考，在实际的库区移民调研工作中，所获得的指标数据会与该评价系统存在偏差，研究人员可根据实际情况进行相应调整。

第三节　库区移民生存质量体系的协调发展水平

一、数据来源

库区移民生存质量体系的研究采用 2018 年济源市大中型水库移民后期扶持样本户收入调查数据，此次调查选取了样本村 10 个，每个样本村抽取 15 户样本户，此次调查共获得有效样本户 150 户，主要针对库区移民的家庭资产、收入额和结构状况进行调查。根据调查所得数据的实际情况，结合表 7 - 1 的库区移民生存质量综合评价指标体系，最终确定该实证研究所采用的评价指标体系见表 7 - 2。

表 7-2 济源市库区移民生存质量综合评价指标体系

一级指标	二级指标	三级指标
移民家庭生存质量	自然资本	耕地面积
		水浇地面积
		住房面积
	物质资本	房屋质量（是否有冲水马桶，1 = 有，0 = 无）
		电视机
		空调
		小汽车
		手机
	人力资本	家庭劳动力
		打工人口
		在校人口
	金融资本	经营净收入
		工资性收入
		转移净收入
		财产净收入
	社会资本	养老金或退休金
		移民后扶直补资金
		社会救济和补助

二、系统内要素耦合协调发展

调研样本共包括 10 个行政村，其中有 5 个调研村落为移民新村，采用整村安置的方式，5 个调研村移民户为分散安置的方式。每个村落移民的生产生活状况均有不同，因此分别采用熵权法对每个村落移民户的各个三级指标分别构造权重，然后再用等权的方式汇总得到五个资本要素的指数值，最终用 10 个样本村的五个资本要素指数值进行简单算数平均，得到济源市库区移民生存质量调研样本的综合资本要素指数值。采用这样的方式，做到村村计算参数不同，从而能够充分考虑到各个抽样村的区别和差异。

（一）生存质量要素指数测算

生存质量指标体系包括 18 个三级指标，按照熵权法步骤针对每个村分别测算各个指标的权重值。10 个样本村各三级指标的熵权法权重值见表 7－3。

表 7－3　济源市库区移民生存质量体系指标权重

指标	新峡村	落裕新村	五里沟	陆家岭村	良安新村	金河村	西坡村	大峪新村	大交新村	牛湾新村
耕地面积	0.02	0.02	0.01	0.02	0.02	0.03	0.02	0.03	0.04	0.03
水浇地面积	0.02	0.02	0.01	0.02	0.02	0.01	0.02	0.03	0.03	0.03
住房面积	0.09	0.02	0.01	0.27	0.01	0.01	0.04	0.14	0.02	0.03
房屋质量	0.05	0.07	0.08	0.27	0.13	0.40	0.14	0.04	0.16	0.12
电视机	0.09	0.09	0.08	0.06	0.13	0.09	0.14	0.02	0.01	0.02
空调	0.03	0.09	0.01	0.01	0.10	0.01	0.02	0.03	0.03	0.03
小汽车	0.04	0.04	0.06	0.04	0.08	0.03	0.06	0.07	0.06	0.07
手机	0.04	0.01	0.03	0.02	0.03	0.03	0.03	0.02	0.02	0.04
家庭劳动力	0.04	0.02	0.02	0.01	0.02	0.02	0.02	0.03	0.04	0.05
打工人口	0.03	0.03	0.02	0.02	0.03	0.02	0.03	0.04	0.04	0.05
在校人口	0.04	0.04	0.03	0.04	0.05	0.03	0.04	0.06	0.07	0.06
经营净收入	0.25	0.07	0.06	0.04	0.11	0.07	0.11	0.13	0.09	0.11

续表

指标	新峡村	落裕新村	五里沟	陆家岭村	良安新村	金河村	西坡村	大峪新村	大交新村	牛湾新村
工资性收入	0.02	0.02	0.02	0.02	0.04	0.03	0.03	0.03	0.04	0.05
转移净收入	0.04	0.04	0.04	0.03	0.05	0.05	0.07	0.08	0.05	0.07
财产净收入	0.02	0.01	0.37	0.02	0.02	0.03	0.04	0.03	0.05	0.04
养老金或退休金	0.06	0.02	0.06	0.03	0.04	0.06	0.04	0.09	0.10	0.08
移民后扶直补资金	0.02	0.02	0.01	0.01	0.02	0.01	0.03	0.03	0.01	0.03
社会救济和补助	0.09	0.38	0.07	0.05	0.10	0.06	0.11	0.10	0.13	0.10

根据式（7－5）的综合指数计算方法分别测算10个样本村5个生存要素的二级指标值，在此基础上，将10个样本村各生存要素指标值进行简单算数平均后，得到济源市库区移民生存质量体系的5个资本要素的综合指标值，计算结果见表7－4。

表7－4　　济源市库区移民生存质量调研样本村资本要素指标值

样本村	自然资本	物质资本	人力资本	金融资本	社会资本
新峡村	0.0494	0.0911	0.0567	0.4143	0.0499
五里沟	0.0187	0.0965	0.0355	0.0329	0.0373
金河村	0.0263	0.0661	0.0380	0.0522	0.0329
西坡村	0.0390	0.1109	0.0465	0.0603	0.0530
陆家岭村	0.1543	0.0506	0.0299	0.0375	0.0225
良安新村	0.0287	0.1594	0.0439	0.0728	0.0497
大峪新村	0.0987	0.0993	0.0720	0.0790	0.0618

续表

样本村	自然资本	物质资本	人力资本	金融资本	社会资本
大交新村	0.0339	0.1257	0.0821	0.0911	0.0638
牛湾新村	0.0590	0.1325	0.0874	0.0861	0.0641
落裕新村	0.0322	0.0769	0.0405	0.0377	0.0222
综合指数	0.0540	0.1009	0.0532	0.0964	0.0457

库区移民生存质量综合评价指标体系中，均为正指标，综合指数数值越大，说明该要素表现越佳。

济源市库区移民调研结果中，移民物质资本的综合指数值最大，社会资本的指数值最小。调研中通过与移民交谈也发现，无论采用哪种安置方式，移民迁移后生存条件均较之前有较大的提升，主要表现为家庭资产上有所增长，在调研中部分移民户家庭拥有小汽车等较昂贵的家庭资产。相对地，移民反应较为强烈的是政府补助政策的实施，存在后扶直补资金偏少，社会补贴和救济存在偏差等问题，而这些均是移民社会资本的构成部分，同时虽然政府已经采取多种措施为移民就业提供培训和机会，但是大部分参与程度不高，培训规模不大，因此移民仍然对社会资本的持有量表示不满。因此社会资本的综合指数值相对于其他生计资本而言偏低。

（二）五要素耦合协调发展

根据式（7－6）和式（7－7），分别计算得到五个资本要素系统彼此之间的协调度（C 值）和优化的耦合协调度（D 值）。耦合协调度指数值客观地反映了资本要素彼此之间的发展均衡水平，不少学者根据协调度指数值的大小给出了经验判断标准。本章研究按照刘耀彬等（2005）确定的耦合协调度的分类标准，设定 D 取值为［0，0.3］为深度失调，［0.3，0.4］为中度失调，［0.4，0.5］为轻度失调，［0.5，0.6］为轻度协调，［0.6，0.7］为中度协调，［0.7，0.8］为良好协调，［0.8，1.0］为深度协调，见表7－5。

表7-5　　济源市库区移民生存质量调研样本村资本要素协调度

计算系统	C值	协调水平	D值	协调水平
自然资本与物质资本	0.8252	深度协调	0.2528	深度失调
自然资本与人力资本	0.9999	深度协调	0.2316	深度失调
自然资本与金融资本	0.8474	深度协调	0.2525	深度失调
自然资本与社会资本	0.9862	深度协调	0.2217	深度失调
物质资本与人力资本	0.8179	深度协调	0.2511	深度失调
物质资本与金融资本	0.9990	深度协调	0.3139	中度失调
物质资本与社会资本	0.7366	良好协调	0.2324	深度失调
人力资本与金融资本	0.8404	深度协调	0.2508	深度失调
人力资本与社会资本	0.9885	深度协调	0.2211	深度失调
金融资本与社会资本	0.7616	良好协调	0.2326	深度失调

研究采用两种耦合度计算方法：一种是刘春林（2017）改进的耦合度计算结果，即C值；另一种是考虑到极端值影响的改进的耦合协调度计算结果，即D值。常规耦合度计算结果显示，10对生计资本要素均呈现发展协调的状态，其中只有社会资本与物质资本、金融资本呈现良好协调外，其他生计资本要素组合均呈现深度协调发展。将两个系统发展水平测度引入耦合度模型中所形成的D值普遍偏低，结果均呈现失调的状态，这与五个生计资本要素综合发展指数值偏低存在较大关系，同时为了测算结果的稳定性和可比性，研究中两个系统采用均分的方式设定权重，这在一定程度上也会与实际存在偏差。

三、生存质量系统与经济协调发展

库区移民作为当地经济系统中的组成部分之一，既影响着本地区经济发展水平，也受到当地经济发展环境的综合作用。经济系统十分庞杂，研究挑选与库区移民生计最为相关的收入和支出两个维度，与所在地进行对比分析，从而探讨移民生存质量与经济的协调发展状况。以下数据均来自《河南统计年鉴2019》《河南统计年鉴2018》，以及2017年、2018年济源市统计公报信息。

（一）收入水平对比

2018年河南省农村居民人均可支配收入13830元，比2017年增长8.7%。2018年济源市农村居民人均可支配收入18446元，比2017年增长8.9%。从农村居民收入水平看，济源市要高于河南省全省水平，但是从增速看，济源市与全省的发展速度是相当的。济源市农村居民收入与全省平均水平保持了较为平稳的协调发展。

此次调查的150户样本户均来自河南省济源市，经过数据汇总计算得到，移民样本户2018年人均可支配收入17458元，占全市农村居民人均可支配收入18446元的94.6%，比河南省农村居民人均可支配收入13830元高出3628元，增长近26%。由此可见，济源市移民样本户收入与当地居民收入差距不大，由于移民样本村地理位置较好，当地经济发达，移民样本户收入还高于全省农村居民平均收入水平。

从发展速度看，通过对移民样本户2017年收入水平的调研和搜集，汇总得到2017年这150户样本户人均可支配收入为16516元，2018年比2017年增加了942元，增长了5.7%。移民样本户的人均可支配收入较高，但是提升速度明显低于全省，以及全市水平，从这一个角度看，移民的发展是落后于全省/全市的平均水平的，这也反映出移民发展后劲不足的特征，政府和社会对库区移民的扶持和关注力度仍需继续加大。

（二）消费水平对比

2018年河南省农村居民人均消费支出10392.01元，比2017年增长12.8%，济源市农村居民人均生活消费支出12846.2元，比2017年增长

10.4%。济源市150户移民样本户2018年人均消费支出为10469元，比2017年的10071元增加398元，增长了4.0%。从消费绝对水平看，移民样本户略高于全省农民平均水平，但是显著低于济源市农民平均水平，从增速看，全省农村居民消费增长率高于济源市平均水平，而样本户人均消费支出的增速大大低于济源市平均增速。由此可见，移民样本户虽然收入较高，但是在消费支出上，却明显低于所在地区的平均水准。移民在迁移之前，普遍生存环境较差，家庭收入有限，在消费水平和消费质量上均低于本地区其他农村居民。迁移之后，生存环境有了较大的改善，尤其是移民新村，村庄基础设施较为完善，加上政府给予的各种扶持和补贴政策，生计资本和收入有了明显提升；但是长期形成的消费习惯，使得库区移民还未形成享受更多更好消费品的消费思维，因此在消费支出总量上与迁入地平均水平相差较远。要改变这种状况，还需要较长时间的培养，当移民户认识到收入提升是一件长期稳定的事件后，其边际消费和平均消费水平会有较大提升。

调研中，除了获得移民样本户人均消费支出总额外，还将各类消费分类测度和统计，由此观察移民户的消费结构。经过对2017年和2018年数据的搜集和汇总，得到：2018年济源市移民人均消费中，食品烟酒占总消费金额的50.3%，占比比2017年下降了0.5个百分点；衣着占比6.9%，比2017年上升0.4个百分点；居住占比7.1%，比2017年下降了0.1个百分点；生活用品及服务占比3.2%，比2017年下降0.1个百分点；交通通信占比17.1%，比2017年上升0.1个百分点；教育文化占比7.9%，比2017年下降0.2个百分点；医疗保健占比6.9%，比2017年下降1个百分点。总体上，食品烟酒在济源市移民消费中占了主要位置，同时交通通信费用占比较大，这与当地移民生活水平高，家庭汽车保有量较多密切相关。具体情况如图7－1所示。

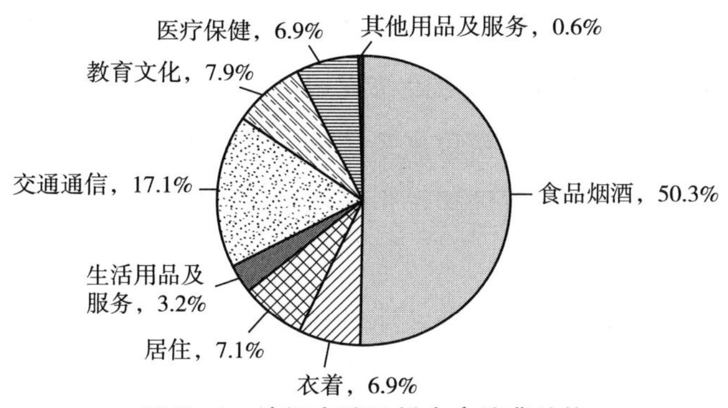

图7－1　济源市移民样本户消费结构

从移民消费结构的变化看，食品烟酒消费5261元，比2017年增长5.0%；衣着消费720元，增长10.6%；居住消费747元，增长5.5%；生活用品及服务消费337元，增长2.9%；交通通信消费1792元，增长4.5%；教育文化消费830元，增长2.2%；医疗保健消费726元，下降8.5%。由此可见，移民消费增长最快的是衣着、居住、食品烟酒、交通通信等提高生活品质方面的消费。随着移民收入水平的稳步提高，移民消费水平和消费质量也随之提高，衣食住行等基本生活开支持续增长。

第四节　本章小结

借助耦合协调度模型探讨库区移民生存系统的协调发展水平。在前述章节构建的包含自然、物质、人力、金融和社会资本五个因素的库区移民生存质量评价体系基础上，充分考虑变量之间作用关系，采用熵权法确定指标体系中各测度指标权重，加权汇总得到五个生存质量要素的发展水平。库区移民生存系统的协调发展水平测度分为两个层次：第一层次，采用协调度和耦合协调度模型测度生存质量五要素间协调发展水平，根据经验对不同系统之间的协调发展水平进行分类评价；第二层次，库区移民生存质量系统与当地经济发展系统协调度测度与评价。将五个要素发展指数通过加权方式汇总可得库区移民生存质量发展指数，另外构造经济发展综合系统，采用相同方式测度区域经济发展指数，利用协调度和耦合协调度模型测度生存质量系统与经济发展系统的协调发展水平。

在利用该套方法进行库区移民生存质量发展协调度的实证分析时，需要注意以下几个问题。

一是数据的准确性和代表性。库区移民生存质量系统协调度测度模型中，熵权法利用数据信息确定指标权重，因此调研过程中数据的准确度和稳定性至关重要，建议对移民的调研保持连续性，条件允许的情况下可以对移民样本户进行跟踪调研，从而得到移民生存质量系统发展协调度的趋势和规律。

二是在构建系统时，指标体系的结构和测度指标的选取要尽量做到完全和互斥，既要覆盖到研究对象的方方面面，也要让指标之间信息重叠尽可能少，以免浪费资源和造成测度上的偏颇。

三是耦合协调度模型中，可采用多种方法确定两个系统的权重。本章实证分析中，对耦合协调度模型中两个系统分别赋予 0.50 的权重，实际等同于采用等权汇总的方式。要更为精准地反映系统耦合协调发展水平，则可根据已有研究成果，或者采用数学方法计算权重，采用不等权方式构建耦合协调度模型。

第八章　库区移民生存质量提升路径及策略

第一节　库区移民生存质量提升的动力机制

在外部环境的不断变化下，库区移民需要不断整合和配置家庭内外部的资源、能力，从而使得家庭能够适应经济和社会环境的改变，实现可持续生计发展。库区移民改变居住地后，生存质量不会自动提升，它需要推动力来实现可持续发展，这些推动力来自两个方面：一是移民户内部的动力，它是家庭成员对更好生活的愿望、行动能力和要求，决定了家庭可持续生存能力的提升程度和过程；二是家庭户外部的动力，它是与移民生活相关因素的推动力，对移民户生存能力发展起着引导和辅助作用。由内部动力机制和外部推动诱因共同构成库区移民生存质量提升的动力机制，内部和外部动力机制之间相互影响和作用。外部推动力助力内部动力的启动，而如果家庭户内部成员无强烈的愿望，则再好的外部环境也无法实现生存质量的可持续发展。库区移民可通过营造积极的发展文化，加强激励制度的建立，培育创新发展精神等策略和措施，系统构建库区移民生存质量的动力机制。

一、营造积极的发展文化

农村地区风俗文化具有强烈的地域特征，且经过历史发展的积淀，形成了农村居民本分、勤劳、能吃苦的形象，但是同时也形成了农村地区居民安于现状、对创新缺乏兴趣和热情的发展氛围。库区移民的根在农村，其迁移后也主要在农村范围内生存和发展，如果不在移民群体中营造积极的发展文化，则库区移民生存质量很有可能只能达到迁移之前的水平，其发展也会呈现缓慢的特征。本书认为从家庭发展规律看，积极的发展文化构建是一个系统工程，可以分解为许多步骤，可以通过创造共同愿景、激发危机感、突出创新精神营造积极发展文化内部环境和氛围。

（一）创造共同愿景

对未来生活的美好愿景是移民发展的强烈动力，包括发展目标、核心价值观等。移民对未来生活的目标是愿景的核心部分，主要反映在更高的收入、更好的教育条件、更健全的医疗体系、更畅通的诉求渠道、更多的技能培训机会、更完善的养老保障、更优质的居住环境等，这些既是个人发展目标，同时也是移民群体的发展目标。为了实现这些目标，移民群体需要改变守旧的发展观念，建立生态文明的可持续发展核心价值观，不断地学习和积累，勇于创新，为生存质量的发展提供动力。

（二）激发危机感

家庭只有在存在危机感时，才能够更加积极地学习和创新。库区移民在迁移到居住地后，面对新的经济和社会环境，初期会有较为强烈的陌生感和危机感，但是随着与周边人群交往的增多和加深，这种危机感会逐渐降低，从而放弃了学习和追赶的动力。因此移民家庭户在居住地迁移中获得了新的发展机会，要把握这次机会，就要不断营造一种危机感，这种危机感也是避免移民户发展疲软的有效途径之一。

（三）突出创新精神

创新的发展文化是家庭发展的重要动力来源。家庭创新式发展能力取决于家庭户的文化水平和结构。移民户家庭普遍受教育程度较低，这一点限制了移民户寻求创新的程度，但是反过来也成为激励移民户加强自身学习的动力之一，使得移民户愿意并且主动参与到政府和有关机构组织的各种技能培训项目中去。

二、建立激励制度

行为科学研究认为人类存在厌恶风险的倾向。当人处于不确定性环境中时，本能的会选择遵循原有的选择和路径，从而放弃风险，也放弃了学习的机会。因此，如果不能建立合理完善的激励制度，那么在移民中营造积极的发展文化氛围就无法实现。建立激励制度，是为了有效地诱导移民户的发展动机，使得移民户愿意参与发展，并能够从文化建设中获得自身收益，这样才能维持这种行为长久地发扬下去。

激励制度的建立要体现公平公正的原则，尤其是在较为敏感和脆弱的库区移民群体中，激励制度的出台要广泛征求移民的意见，并配合建立科学合理的考核机制，全面了解移民户的具体情况和发展质量好坏，否则会适得其反，成为移民户与政府或相关机构矛盾的激化点，反而不利于和谐发展文化环境的建设。

三、培育创新发展精神

创新不仅仅是属于企业关注的范畴，对于家庭户而言，同样要培育创新式发展能力。其中观念创新是先导，移民户要在思想观念上突破原有生计问题的界限，寻求新的发展路径；战略创新是方向，移民户要根据当前就业市场和经济环境的变化，结合家庭劳动力结构状态，寻求最有前途的发展途径；技术创新是手段，光有创新的意识是不够的，必须付诸行动，有针对性地进行相关技能的学习和培训，并参与到相关工作岗位的竞聘活动中。移民户的这种创新发展精神并不是一成不变的，移民户要不断地更新家庭的发展理念、发展路径和发展目标，当然这一切都是家庭户进行学习、接触新知识、新环境的结果和表现。

第二节　库区移民生存质量提升的创新机制

创新是经济社会发展的强大推动力，在信息技术高速发展的当下，这一点显得尤为重要。在企业发展过程中，对创新的需求和要求十分强烈，创新是企业持续发展的动力。对于社会学而言，创新体系也具有决定性的作用。传统生活质量提升途径和办法主要依靠给予补贴等方式提升收入，从而在一定程度上改善生活质量。对于当前经济社会发展规律而言，单纯的补贴扶持政策和措施并不能从根本上解决工程移民的生计问题，要想使库区移民获得生存质量持续发展和提升能力，就需要在生计因素作用的各个环节进行制度、观念、战略、体制机制和市场的创新，从而得到更高效和合理的生存质量优化及提升效果。

一、合理的创新制度

创新是一个庞杂的系统工程。库区移民生存质量提升和优化创新系统涉及生计要素作用链条的各个环节，并且所有参与链条运作和发展的个体，以及不同的环节在创新模式、创新成果分配等方面，既彼此合作，又存在竞争关系。如何设置合理的创新制度，使创新的效果及时、有效、普及，就成为工程移民管理机构面临的一个重要问题。合理的创新制度一定是遵循该领域的创新规律，能够体现公平的原则，适用于大部分个体，吸引和鼓励大部分个体参与其中，并能够自发合理地配置资源和效益，系统、细致和完善的政策。

二、观念创新

观念创新是一切创新行为的先导，只有在思想意识上先打破原有观念的束缚，才能够转变为切实有效的行动。生存质量提升的观念创新主要体现在两个方面：一是提升手段或提升路径的观念创新；二是提升效果和目标的观念创新。

提升手段或路径的创新是指放弃原有的“等、靠、要”的扶持方式，不将“钱”直接等同于生存质量，这也意味着生存质量提升要具有长期意识和全局意识。短期的、暂时的和个别群体的收入增高并不代表着生存质量的提升和优化。合理引入金融、互联网市场等因素，使目前政府的移民后期扶持政策和项目平稳化和常态化，能够较为有效地借助市场的力量，在脱离政府资金和技术支持后，仍然具有较强的独立发展和运作能力。

提升效果的观念创新是目标创新的一种。对生存质量提升的理解和定义，应随着时代的发展而不断调整，“吃得饱、穿的暖”这种基本温饱的标准已不再适应于库区移民生存质量提升的最终目标。当前生存质量的优化和提升目标是一个综合系统，既包括物质条件的改善和优化，同时也包括精神生活的丰富。因此，在制定库区移民扶持政策和措施时，要充分考虑到移民生产生活的多方面需求和目标体系，实现物质和精神生活的双线平衡发展。

三、战略创新

无论是商业领域还是社会管理领域，快速反应和适应能力都是最重要的因素，在技术和干扰性力量导致变革速度加快的时代更是如此。这就要求新的沟通方式和协作方式。当前世界发展变化极快，各种要素间的依赖程度更高，因此，对于协作式发展的需求更强烈，创造是协同合作的产物，创新是团队努力的结果。

以规划、预测为基础的管理模式不再适应当今的挑战，新时期管理模式的基础需对变化中的各种状况都能够弹性适应。组织必须网络化，而不是条块化。组织的目标不应当是追求效率，而是让自己获得持续适应的能力。

库区移民生存质量提升与优化创新系统中，战略创新是指引的方向，它的重点在于及时洞悉市场发展的变化，并及时地调整发展战略或管理方式，以最大限度地利用市场资源，提升自身可持续发展能力和竞争力。移民生存质量体系是众多因素综合作用的复杂网络结构。在网络组织内部，各因素之间作用机理会随着时间发生改变，同时网络内部与外部因素之间也存在信息、资源的流动和竞争，这种合作与竞争并存的关系时刻发生着变化。这就要求移民管理部门成立专门的机构，根据所在地区库区移民群体和当地原住民生产生活条件，制定监测、预警和反应机制，在该机制的技术支撑下，及时修正发展战略，使之适应国家、地区经济和社会发展规划及要求。

四、体制机制创新

在中国创新体系发展过程中，技术创新和体制机制创新一直是备受关注的两个方面。对于库区移民的生存质量提升的创新系统，体制机制创新要更为关键。体制机制创新是一切创新行为的保障，如果体制机制创新不到位，其他的创新机制设想和构建就无法达到预想的效果。

新时代工程移民的管理和扶持工作，需要从过去的“以工程为中心”转变为“以人为中心”的管理理念上来，确立以制衡机制为核心的移民专业化管理机制，将移民的生存质量目标作为水利工程目标的核心内容之一，让其与水利工程保持同等重要的地位。过去水利工程的管理制度偏重于对工程准备、施工和验收环节的制度构建与优化，而对移民的安置和扶持工程往往有所忽略。当前，已经基本形成了独立的库区移民管理机构，能够行使相对独立的行政职能，但是其对于水利工程的整体而言，仍未达到与工程主体相一致的地位和重要性。

以“制衡”为核心的库区移民专业化管理体制，通过设置将内部、外部和第三方审查与评价机制深度融合，形成库区移民利益保护和生存质量提升优化的完善体制，通过管理体制的改革，使得移民能够最大限度地参与到安置和管理流程中，发挥最大的能动性和积极性。国家出台的《大中型水利水电工程建设征地补偿和移民安置条例》等一系列法律和规则，也充分体现了库区移民管理工作中的“制衡”原则，移民安置工作遵循政府领导、分级负责、项目法人参与的管理体制，从而在水利建设过程中，将移民安置和生计发展问题作为一个独立的项目，置于同等重要的地位。

库区移民生存质量提升和优化机制的建立，需要配合以专业化的监督和服务机制。库区移民管理部门制定专业化的移民安置和发展规划，将移民的安置管理工作规范提升到法律层面，使得监督活动有理可循、有法可依。同时，为了库区移民安置和生存质量提升工作的顺利开展，应合理构建基础设施等硬件环境，以及提供快捷、便利的服务软环境。除此之外，库区移民生存质量提升管理系统应进一步实现公开化和制度化的管理，接收各界各种形式的监督和考核，并集中主要资源和能力，提升库区移民的可持续生计发展能力。

五、市场创新

市场创新是目标，所有的创新行为最终要落实到创新的成果显现上。市场创新既是终点，也是起点。在实现市场创新和研究市场变化的过程中，移民管理部门可以根据市场的变化形成新的观念、战略、体制等创新，从而开始新一轮的创新活动。

市场创新来源于企业创新理论。技术创新和市场创新是企业开放式创新活动的核心部分。企业在获得了具有领先性的技术知识和技术创新资源后，如果缺乏正确配置的市场知识，那么企业的绩效提升将无从谈起。在开放式创新模式下，如果企业能够更有效地利用丰富的外部市场资源，便可以弥补企业自身可能存在的技术创新能力不足的问题，从而降低市场探索和开发的风险与成本。企业的市场创新模式主要是指企业通过利用和开发内部技术资源，提高企业的差异化优势，同时通过充分利用市场营销资源，提升和扩大企业的差异化优势，可以通过探索式市场创新和开发式市场创新活动来实现市场创新。

探索式市场创新依赖于探索性市场学习给予企业能够引领市场变革的视角和能力，有助于企业突破当前的市场知识边界，获得超越当前顾客市场知识范围的新颖、异质和颠覆性知识。开发式市场创新强调对企业已拥有的市场信息的全面和深入细致的加工，关注的焦点是企业短期利益的提升，通过关注企业当前市场和产品市场领域内的现有知识的最佳使用，节省由于追求新的市场信息或开展激进的市场实验所导致的潜在成本。

库区移民生存质量提升的市场创新机制可以借鉴企业市场创新的模式和战略。库区移民生存质量的提升是以生计资本数量和质量的增加为基础，通过收入水平的提升来实现，在收入提升的途径中，除了依靠政府的资金、项目、技术扶持外，关注及时的市场信息，利用各种营销资源为移民的产品打开市场，进行市场创新尤为重要。移民参与的产业和扶持项目通常并不涉及过高的技术水准，因此产品市场基本是完善的和充足的，在进行市场创新时，可首先尝试开发式市场创新模式，充分学习产品市场已有的相关知识，找准产品的主要销路和营销方式，从而使得产品能够顺利地进入市场，占据一定的市场份额。在占据了稳定的市场地位后，可以实施探索式市场创新，在当前产品信息和市场知识的基础上，开创新品和新的营销渠道，突破原有产品和市场的边界，开发出与众不同的产品和销售模式，成为新的分支领域的带头人。

第三节　库区移民生存质量提升的组织机制

现代经济的发展促使库区移民生存环境变化的频率越来越快，为了适应这种快速变化的动态环境，移民管理机构必须能够快速反应并给予合理的调整，因此需要相应的组织机制和系统。

柔性组织是21世纪现代企业管理使用最为广泛的组织模式，学术界认为柔性组织结构能够适应动态竞争条件，具有不断自我调整能力，并实施柔性战略。对于移民组织和管理机构而言，同样面临着动态变化的外部环境，因此可借鉴企业管理理论中的柔性战略理论，实施和完善工程移民的安置和管理工作。

一、管理柔性战略特征

柔性战略是现代企业管理的核心战略，是指企业在动态变化环境中，以实现企业目标为目的，主动适应、利用甚至创造变化，为提高自身竞争力而制定的具有选择性的行动规则和相应的战略方案组合。在柔性战略下，企业能够更加从容、灵活、有效地应对环境变化出现的不确定性、混沌性和不可预见性，反映了企业将内部资源与外部环境相匹配和合理调控的能力，也是企业动态竞争力的有力反映和衡量。

库区移民管理同样是一个动态发展过程，其动态性主要来源于移民生产生活环境的动态变化，以及由此产生的移民需求的改变。因此移民管理机构在具有不断丰富的内部资源的情况下，要建立快速适应外部环境变化的机制，引入柔性战略的管理理念，使得移民的变动需求能够合理、有效、及时地反映给移民管理部门，并作出相应的回应。

在移民安置和管理机构设置柔性战略，应具备以下特征。

1. 战略的动态性

经济环境和社会环境的改变具有不同程度的不确定性，这样移民安置和管理机构就需要进行战略定位的转变。虽然对于移民管理机构而言，在移民管理过程中竞争性较小，但是仍然面临较多的挑战，这些挑战主要来源于现行社会管理制度与库区移民生产生活需要之间的矛盾。当移民的需求发生变化时，库区移民管理机构就可以马上转变为一种新的管理定位和策略，从而进入下一个动态循环过程。总而言之，库区移民柔性战略的动态管理过程就是管理机构在新旧定位之间转换的过程，同时在该过程中管理机构不断进行管理策略和方法的更新与升级。

2. 战略的主动性

寻常的管理策略都会注意环境的变化和战略的适应性，但是都是一种被动的适应和改变。即当外部环境发生变化后，管理机构才会作出反应和改变，从而在短时期内达到与环境和移民需求的契合，但是却忽略了变化的混沌性和不可预测性。柔性战略认为环境变化势必带来战略的改变，战略改变包括经营范围、资源利用、竞争优势、协同效应、外部环境、组织机构等多方面的变化。库区移民管理机构柔性战略强调管理工作不能被动应对变化，而应该走在变化之前，充分地利用变化为自己创造管理能力提升的机会，甚至主动营造和促成变化，从而引导移民的需求、消费、生活模式等向着有利于管理的方向发展。

3. 战略的合作性

传统的管理理论偏重于竞争，在库区移民管理领域内，一般认为管理机构与库区移民存在竞争关系。移民生计所需要的各种生产生活资源是由管理机构组织和配置，这样管理机构对资源具有配置权，对于竞争性资源移民需要争取才能获得，因此移民与管理机构通常会爆发矛盾和竞争，也为管理工作带来困扰，影响管理效率。柔性战略强调合作而非竞争，移民群体内部、移民群体与管理机构之间应该构成具有外部性的网络结构，网络内成员只具有相同的目标意向，相互合作，而非恶性竞争，才能演进各自的角色和能力，使得网络架构更加稳固。这样移民管理机构的角色会随着时间的变化而发生改变，但是管理职能和功能的发挥对整个网络结构的价值显著，它会引导着其他的网络成员朝着共同前景来配置资源，实现合作。

4. 战略的创新性

柔性战略的前提是不确定性的外部环境。外部环境的变化是不可预期和无规律的，这就要求移民管理机构的管理策略和能力要时刻适应新事物的产生。外部环境的变化有些是颠覆性的，彻底性的变革，这就意味着陈旧的管理策略和模式即使进行优化，也可能无法适应新的需求和环境。因此，需要管理机构打破自己固有的管理模式，走出舒适区，通过争取科研院所和其他组织群体的智慧，主动放弃原有的优势去创造新的管理规则、新的管理模式和管理领域，从而建立新的角色，形成新的地位和领导力。因此外部环境的不确定性是移民管理机构不断创新的原动力，只有不断创新、击破、改革，才能获得永久的竞争力。

5. 战略的情境性

柔性战略强调战略实施的情境性，当环境和需求发生变化时，由于不确定性的存在战略要适时调整。库区移民管理工作具有很强的情境性，在移民管理相关规定和条例确定的前提下，不同地区、不同收入、不同风俗习惯的移民，在安置和管理过程中都会存在较大的差异，没有统一可用的战略。在移民管理工作中，注意情境性的同时还要关注博弈性，移民和管理机构之间会对补贴措施、分配方案等问题形成博弈。柔性战略强调彼此之间合作与竞争并存，达到双赢的局面，这就要求移民管理机构要根据情境调整战略导向，并且创造有利于博弈的局面或规则，从而使得管理工作更加顺畅，并能使得获益各方均满意。

6. 战略的系统性

库区移民管理柔性战略是一个复杂的系统工程，移民安置和管理工作涉及施工方、监理方、监评方、移民方、迁入地区居民等众多群众和机构，整个柔性战略的实施要求各个环节都具有柔性、可控性和调整性。这要求每个环节面对不同的管理对象，既能够创造最大效能使各方满意，同时保持最低的管理成本和实施成本，使资源配置达到最优。传统的管理战略也呈现出系统化状态，但是系统的连接性和系统外部性不显著；柔性管理战略强调系统的动态应对，强调系统各环节转换的效率与效益，因此需要设置和考虑的环节更多更细。首先需要确定的便是柔性组织结构和组织机制。

二、动态的柔性组织机制

移民管理机构在进行柔性组织结构的选择时，应该对柔性组织结构的组织边界和组织管理模式两个方面进行梳理，建立适合的动态柔性管理机制，实现与动态环境相应发展的目标。

（一）柔性组织结构边界

现代经济网络结构的发展使得资源在全球范围内的流动更加畅通，这导致了资源可在全球范围内参与竞争，在这种背景下，移民管理机构的组织边界也较以往更加模糊。移民管理机构首先要明确的问题是，组织边界的模糊不等同于组织边界不存在。移民管理机构要面对很多的不确定性，其对组织边界的选择和界定是以移民管理的最终目标为基础的。移民机构在设计管理组织结构时，应以管理组织内部的资源整合为主，但是一定条件下也必须考虑是否可以跨组织边界，将组织外部的资源整合进管理组织内，通过内外部资源的合理配置，使得资源的利用效率达到最优。

企业在设置柔性组织结构边界时，可在外向资源整合和内向资源整合中进行选择。移民管理机构在管理初期应以内向资源整合方式为主，利用政府在移民管理过程中给予的资金、技术和政策等支持，在内部形成资源互动网络，保证移民管理工作的流畅性和灵活性，畅通管理机构内部的沟通机制和沟通渠道。当内部资源配置达到最优化后，传统的金字塔形组织结构设计就不再继续适用，这种管理模型过于机械化，虽然便于指挥，但是不利于对变化的外部环境作出积极和及时的反应。通过组织结构扁平化、弹性化和网络化调整与构建，使得管理人员能够迅速地接触产业技术市场和生活市场需求的新信息，通过网络化的设置优化资源流通和信息沟通渠道，使得信息反应速度更快。

在外部资源整合的柔性组织结构中，扁平化是指移民管理机构应减少中间的管理层次，使得移民与市场信息能够更加紧密的接触，缩短它们之间的传导路径长度。弹性化是组织机构要具有自我更新的功能，能够对外部环境变化作出积极反应，这需要与市场建立多向化的密切联系。网络化是指库区移民、管理机构、外部市场之间不再是单项单渠道的联系方式，而采用非线性的、多节点双向互动的复杂网络形式，以此达到内外部资源优化配置的最终目标。

（二）柔性组织管理模式

移民管理机构的核心任务是寻找机会改善移民的生产生活条件，使其生产生活水平恢复或超过以往的程度。因此，柔性的组织管理模式能够增强组织运行的灵活性和有效性。一方面，需要加强移民机构管理人员的培训，培训的方式随市场变化。常见的有水利部移民管理部门组织安排的培训、高等学校机构组织的管理人员培训班等，积极的培训可以使得管理人员更清晰地了解管理人员和移民所面对的现实和变革重要性，同时也对市场环境的具体变化有深入的了解，从而实现移民管理人员根基和能力的扎实与提升。

另一方面，管理机构组织内部也需要制定超前行动的管理制度、管理程序和管理方法。充分体现柔性管理的特征，管理机构内部可制定柔性化战略以适应市场变动，通过预算弹性、计划弹性等方式，以市场为导向，通过专门的机构和部门所提供的服务，使得整个管理组织能够对市场需求的变化作出快速反应，并利用灵活决策点的方式，满足库区移民对未来生活质量和品质的要求。

三、柔性的多元关系组织结构

库区移民管理是多个行动主体的综合体，同时库区移民的生产生活还受到地理、文化、人口、资源、社会、风俗、政治等因素的多方作用，各行动主体随着环境的改变，彼此之间的相互联系也会发生改变，因此建立柔性的多元关系管理组织结构，能够很好地适应快速变化的外部环境。

（一）多元行动主体的合理分类

曾建生（2007）将工程移民的行动主体分成两类，其中一类是直接行动主体，主要包括水利部移民管理机构；各级（省级、地市级、县级和乡级）人民政府及其相应的移民管理机构；业主（具有政府机构与公司双重角色）；债权人；移民群体；迁出地社区；迁入地社区。

另一类是间接行动主体，主要包括移民规划单位、建立单位、监测评估单位、工程施工单位等，这些单位或机构并没有参与到库区移民的转移和安置工作中，只是为库区移民的迁移和安置提供了相应的服务，并收取了一定的费用。

这两类行动主体之间具有一定的利益关系，并且在直接行动主体内部、间接行动主体内部均存在错综复杂的利益关系，对这些利益关系的梳理和明确，能够更好地实现多元主体的柔性组织机构设置。

（二）多元行动主体的利益关系

在库区移民管理机制的多行动主体中，存在三种关系：法律控制关系、契约关系和社会网络关系。

1. 法律控制关系

法律关系主要指通过法律规范建立起来的法律联系，参与主体主要是立法、司法机构，以及水库建设和移民管理部门。我国在水利工程和移民管理领域的法律体系已得到较大程度的完善和优化，但是目前来看，我国水库移民仍然属于政府主导的非自愿移民，政府在移民迁移和管理工作中具有绝对的控制权。通常而言，按照政府设置的迁移和安置条件进行迁移的移民，可以获得相应的扶持和相关补偿。这样政府和移民群体之间就存在控制和被控制的关系，这种关系的两端并非是平等的，因此在强调平等关系的企业管理领域，现代公司治理措施会丧失一定的效力。

2. 契约关系

除了法律和控制关系外，参与移民迁移和安置工作，以及为其提供服务的机构和行动主体之间还存在契约关系。通常而言，契约关系的双方是通过招标、投标和监理机制的程序而建立的，是相互平等和独立的关系。本质上而言，契约关系的双方均是合法的企业机构，能够通过市场竞争和市场交易，获得相应的收益，并提供较好的服务。但是我国水库移民管理工作的实际情况是，政府在其中具有一定的控制权，这就使得契约关系双方是在政府控制和参与下达成交易，在这种市场交易过程中，资源的分配会丧失一定的公平性和合理性。因此，现阶段建立的柔性多元主体组织结构，就是要尽可能保证移民迁移和安置工程中，涉及的市场交易双方能够在一个公平、公正、合理的市场环境下进行资源配置，政府作为第三方，只提供一定的辅助作用，并不真正参与到市场交易中，这样契约关系才能真正起到应有的作用。

3. 社会网络关系

社会网络关系是指移民群体之间，以及移民与迁入地原住民之间的社会关系。前述分析已经提到，我国水库移民的迁移方式不同，则所产生的社会网络关系也会有所不同。整村迁移的移民，由于通常形成移民新村，其原有的社会关系网络并没有受到太多的损害，他们面临的问题是作为一个整体如何与其他的村落建立关系。而分散安置的库区移民要面临社会关系网络的重新搭建，其遇到的挑战更大，但是社会关系网络的重建也为库区移民生存质量的提升带来了机遇。在这种社会融合的过程中，政府部门应积极引导，为社会网络形成助力，使得节点之间的联通更为顺畅，从而降低移民社会融合的交易成本，便于移民与移民，移民与迁入地原住民、与迁入村外居民之间关系随环境变化而迅速调整，在机遇和调整中提升可持续发展的生计能力。

第四节　库区移民生存质量提升的保障机制

自20世纪80年代以来，我国实行开发性移民方针，对于工程移民普遍采取前期补偿补助和后期扶持相结合的办法，解决工程移民遇到的生计困难，保障移民生产生活水平恢复或超过迁移之前的水平。对于库区移民而言，安置方式不同，遇到的生计困难及解决路径和方法也有所区别，随之移民恢复甚至提升生存质量的保障措施也应有所区别。

工程移民的安置方式包括农业安置和非农安置两种，目前我国库区移民安置两种模式均有采用，农业安置是主要的安置方式，同时通过土地使用权入股和水电效益分红等方式，进一步增加移民的保障性收入，为库区移民提升生活质量创造条件。

我国工程移民后期扶持方式大致分为两种：一种是农村城镇后期扶持方式；另一种是移民新村后期扶持方式。两种方式下，保障机制的设置和构建有所区别，重点和难点问题也有所区别。农村城镇后期扶持政策下，移民就近安置在临近农村或城镇地区。这类安置方式下，库区移民的保障机制主要涉及就业保障、社会保障和法律保障。

一、就业保障

就业保障是为迁移入的库区移民提供基本生存保障。

库区移民在迁移入新的地区之前，往往居住环境较差，农业经营收入是其主要收入来源，且收入水平较低。迁移进农村的移民户，迁移后会获得一定的耕地补贴，但是移民面临两种选择：一种是继续以农业经营收入为主要收入；另一种是外出打工，以此为家庭收入主要来源。迁移进城镇的移民后，打工收入将成为家庭收入主要来源。因此为库区移民提供基本的生存技能便是首要任务。政府可采用多种方式，分别为务农和外出打工的移民提供培训和信息渠道，并积极做好疏通和匹配工作，正确引导移民户融入迁入地的农业生产经营，同时为外出务工移民提供就业去向信息和工作机会。

整村安置的库区移民，生产生活并未有较大的改变，因此，在融入新环境上遇到的困境较少。一方面，整村迁移后，移民的就业面临的选择较多，一般移民新村会根据当地情况集中开展某些农业经营活动，移民户可以自由选择是否加入，由此成为家庭收入的来源之一；另一方面，通过实地调研发现，一些条件较好的移民户中主要劳动力通常选择外出务工，但是往往因为缺乏手艺和技能，只能从事一些等级较低的工作。移民新村可根据村民实际情况和主要需求，开展对口的技能培训，既节约资源，同时事半功倍，能有效提升移民的生存技能，寻找价值更高的工作单位，改善自身的生存环境和生存质量。

二、社会保障

社会保障是库区移民生存的兜底保障。

闲散安置在农村和城镇地区的库区移民，在进入迁移地区后很长一段时间存在融入困难，生产生活环境的陌生感会使得移民自主隔离在迁入地之外。这时政府给予的社会保障措施成为库区移民稳定生活的根基。

社会保障分为生计保障和心理保障两个方面。

生计保障是对库区移民生存基本条件的满足，尤其是对于存在不同致贫原因的困难移民户，迁移并未对其生存质量有较大的改善，这时政府给予的各种补贴和救济政策，成为这些移民户家庭收入的主要构成，同时利用互联网舆论媒体的扩散作用，加之精准扶贫相关政策，可对贫困移民户实现多方面多层次的帮扶。

心理保障指政府采用适当的措施帮助移民排除对陌生环境的畏惧感和疏离感，尽快地融入迁入地的大环境中去。转换到新的居住地后，会遇到各种问题，而移民户往往由于心理上的忌惮会选择不解决或忍气吞声，这种情绪不断集聚会造成负面的心理问题。这时村干部或相关人员可采用一对一或组织互助组的形式，主动帮助迁入的移民户解决生产生活困难，以及调节与其他群众的矛盾。通过社会保障措施的实施，借助社会力量，不仅为库区移民提供切实的经济支持，而且便于移民放弃防备心理，加快融入新环境，提升生存质量。

对于整村安置的移民新村，虽然生产生活硬件条件和环境有所变化，但是移民受到的社会环境冲击并不大，因此对于整村安置的移民新村而言，社会保障多以整村保障的方式执行。移民新村在建立之时也是资源重新分配的过程，与迁移前村庄相比，通常移民新村的基础设施较为完善，社会保障向移民新村中家庭条件较差的移民户转移。社会保障资金来源包括村内和社会两种途径，在已有补贴政策的基础上，村内资金仍可向困难移民户转移，同时新村还可争取更多的社会资源，形成本村社会保障的有力补充。

三、法律保障

法律保障是库区移民保护自身基本生存权利的武器。

法律手段是解决纠纷和矛盾的最有力工具，也是移民户保障自己权利的有力工具。

移民在迁入新的居住地区后，会遇到不同类型和程度的纠纷，有些纠纷在居住地社区内部可通过调节的方式解决，当矛盾较为严重时，就需要借助法律手段和工具。对库区移民的法律保障首先是保证寻求法律保护的渠道是畅通的。过去出现的移民围堵政府大门、集聚讨要说法等现象就是诉求渠道不畅通所产生的不合理行为。为库区移民提供专门的、快捷的、简易的法律咨询和帮助渠道，可以有效地发现群体性矛盾和问题，有利于保障社会的稳定；其次法律保障要求对移民的诉求快速反应，及时给予移民合理的解答，若问题较为严重，也应及时与反映问题的移民进行沟通，告知其问题的解决阶段和解决程度。

不论采用分散安置还是集中安置的情况，法律保障都是至关重要的环节。分散安置在城镇和农村的移民户，需要独立完成诉求和法律求助，集中安置形成的移民新村，对于群体性行为，可以采用集中诉求的方式获得法律帮助。因此，降低门槛、渠道畅通、专业帮扶、回复及时，以此建立的法律保障体系，才能切实有效地给予移民安全的保护。

第五节 库区移民生存质量提升的参与机制

工程移民管理程序规定，移民对于水利工程项目具有自身参与权、知情权和监督权，这些权利的实现是移民后期扶持的基本保障，同时也是移民生存质量提升的基础。我国水库移民规章制度中强调移民具有参与权，并且我国移民参与水利水电工程的广度和深度逐渐加深。在这一过程中，移民的自身权益得到了很大程度的保障，但是从完善性上看，移民的参与机制仍然存在不足，参与机制的调整和优化对移民生存质量的提升具有重要意义。

一、移民参与的内涵

1. 概念

参与机制中的库区移民参与是一个广泛的概念，是指库区移民、管理机构和第三方组织依据法律赋予的权利和义务，采用各种方式和有效途径，参与到水利水电项目、移民安置和后期扶持项目中，通过这种方式表达自己意愿、维护自身权益，影响决策结果。

就库区移民参与的现状看，较之过去在透明度和积极性方面都有所提升。之前学者的研究普遍发现移民对于移民法规、政策、后期扶持规划等信息的知情权很低，在水利水电工程建设和安置过程中参与的透明度很低。但是通过近几年连续的后扶政策绩效监评，发现库区移民参与透明化程度普遍大幅提升，在监评过程中对移民进行调研时，针对“您是否了解库区移民后期扶持政策?”“您是否参与了后期扶持政策的制定”等问题的回答，基本上100%的受访者都表示知道，并参与了项目或政策的实施，这是近年来国家在移民安置措施和公共服务领域取得的巨大成就。

即便如此，库区移民在参与的理性和制度性上仍然存在不足。移民在水利水电工程实施和后期扶持过程中，虽然知道自己具有知情权和参与权，但是对于如何运用自己的权利、采用哪种方式行使自己的权利、应该达到什么样的目的却是模糊的。移民虽然表示参与了后期扶持政策，但是实际上对于参与细则规范等并不知晓，从某种程度上看，移民参与流于形式。移民参与的理性概念还未完全形成，在实际参与过程中会出现两极分化的现象：对于涉及公共利益的事项，移民普遍表现出依赖心理，例如安置地点、安置方式、公共道路等基础设施的建设等方面，移民很少发表自己的看法和意见，通常是随大流；对于涉及自身利益的方面，例如移民身份的认定、红利的分配、补偿标准等事项，移民急于表达自己的不满或不公正，但是又缺乏合理的渠道，从而积聚怨气，甚至演变成社会稳定事件。因此，对于库区移民的参与机制修正和优化完善，对于维持社会稳定，提升移民生存质量至关重要。

2. 参与主体

库区移民参与机制的主体范围较广，包括参与活动的发起者、组织者、实施者和监管者。

3. 参与方式

库区移民参与方式是指移民参与的形式、途径等。广义上来说，移民参与不仅包括安置和后期扶持事项，而且还包括水利水电工程的建设项目的参与。移民参与方式大致上可以分为事前、事中、事后参与三种形式。

（1）库区移民事前参与主要指工程和项目建设之初的协助调查活动。在水利水电工程建设之初，需要进行实物调查，而农村地区实物调查指标细碎且总量很大，彼此之间的关系错综复杂，如果仅仅由工程建设人员或政府部门人员进行实物调查，往往会因为不了解农村实情而造成偏差和失误，因此这一过程移民的参与至关重要。我国移民安置条例规定“实物调查应当全面准确调查结果经调查者和被调查者签字认可并公示后，由有关地方人民政府签署意见”，移民参与实物调查，不仅保证了调查工作的准确性和公正性，而且便于移民保护自身利益，获得移民的信任。

（2）事中参与是指移民对于关乎自身切身利益的事情，如安置大纲、安置补偿办法、安置规划、后期扶持项目和方式等，应当具有知情权和建议权。尤其是移民安置和后期扶持的相关事宜，要充分征求移民的意见，必要时应当采用听证的方式来确定。各地区移民在社会风俗、生活习惯上存在较大差异，因此工程建设、移民安置和后期扶持的各项措施和办法应因地、因人制宜。

（3）事后参与主要是指移民具有监督和举报权。监督举报是移民维护自身合法权益的正当手段。在水利水电工程和移民项目实施过程中，需要移民监督和举报的情形为五种：移民实物指标调查不公正、不客观、不透明，存在以权谋私或暗箱操作的情况；移民安置规划不合理、不科学，没有依据法律程序征求移民意见，移民风险加大；移民安置补偿费不能按时发放，存在挪用或贪污的情况；移民后期扶持资金使用不合理，使用效率低，存在私吞或浪费等违法违纪情况；移民干部服务宗旨意识不强，缺乏大局观念，工作方式和方法简单粗暴，伤害了群众的感情。一旦出现了这些情况，移民就可以行使监督举报权，但在实际操作中，渠道的不畅通往往会成为最大阻力，也因此会有越来越多的移民考虑借用媒体或舆论的力量，来维护自身利益。

4. 参与范围

移民参与范围是指移民参与公共事务的广度和深度。移民参与涉及水利水电工程的各个环节，从工程实施前的规划，工程实施中的各项事务，到工程实施后的监督和评价环节，都有移民参与的机会和必要。

（1）移民安置规划制定。移民安置项目是以安置规划为宏观蓝图的，安置项目规划起到总领和根基的作用，安置规划关系移民安置工程实施的顺利与否，关系移民搬迁后生产生活条件的恢复和改进，关系移民的可持续生计发展。移民安置规划制定包括安置大纲、安置规划、后期扶持规划等项目，大纲是基础，后者是大纲的具体化，规划的制定涉及政府、移民、业主、第三方中介机构四方利益；同时，还存在社会风俗、生活习惯、地域文化等各种矛盾的交错，是一个非常复杂的过程，移民的参与可以很好地规避这些矛盾，或降低冲突的可能性。

（2）移民安置项目实施。根据规划的设计合理性和实施困难程度，移民可进行适当适量参与。如果移民安置规划设置合理，充分考虑了各方参与者的利益，那么在规划实施过程中，移民稍加参与便可保证项目的顺利实施；如果安置规划设置基本合理，但是在实际移民迁移过程中，与实际情况稍有差异，那么通过移民的参与和调节，可以及时调整和修正移民安置规划，保障实施效果；如果规划与移民迁移安置实际情况严重不符，则移民有权利要求重新制定规划，以保护自己的基本权益。

（3）移民安置工程实施后的监督和评价。移民搬迁安置完成后，还需要组织专门的机构对安置规划和项目绩效进行评估。我国移民安置项目评估是自上而下进行的，一般由专门的独立的第三方机构进行连续的监测评估。监测评估的内容包括移民安置和后期扶持资金的使用情况，项目的实施情况、移民相关机构的管理状况、移民生产生活条件情况等内容。监测评估过程中会随机抽取移民户家庭进行走访，或组织村民进行座谈，不论采用哪种方式，后期的监测评估非常重视移民的参与，并希望通过移民的积极参与，获得更多、更真实有效的信息。

5. 参与目标

移民参与的最终目标是要实现自身利益，主要包括两个方面：一是短期利益；二是长期利益。

（1）短期利益主要指在库区移民安置过程中，移民是否受到了公平公正的待遇，移民安置款是否及时足额发放，是否享受到了水利水电工程综合效益，迁入地的生产生活条件是否达到了规划要求，自身的生计需求是否得到了满足等，同时通过参与，当移民的切身利益受到忽视或损害时，还可以通过合理的法律渠道进行申诉，从而使得短期利益得到基本保障。

（2）长期利益是指移民通过参与，可以向移民管理机构提出建议，通过组织专项培训工程或产业扶持项目，提升移民劳动技能水平，拓宽创收渠道，提高家庭收入水平，优化家庭收入结构。在经济可持续发展竞争力得到创造和提升的同时，通过社会融合和文化融合，逐步提升移民的社会可持续发展、文化可持续发展能力，最终实现经济、社会、文化、生态的综合发展。

二、参与法律机制

水利水电移民安置工程是一项需要政策强烈支持的复杂工程，涉及面广、项目细碎、技术复杂，不仅需要国家层面上出台具体的法律、法规，而且地方政府还需要根据所在地的经济、社会、文化特征，制定具体的、有针对性的实施细则和相应规定，以此保证移民工程有法可依、顺利实施。

目前我国国家层面上已经相继出台了一系列法律法规：国务院关于修改《大中型水利水电工程建设征地补偿和移民安置条例》的决定；《国务院关于完善大中型水库移民后期扶持政策的意见》及其配套文件；《关于开展大中型水库移民后期扶持政策实施情况监测评估工作的通知》；《大中型水库移民后期扶持基金征收和使用管理暂行办法》；《财政部关于加强大中型水库移民后期扶持资金管理的通知》；《大中型水库库区基金征收使用管理暂行办法》；《大中型水库移民后期扶持基金项目资金管理办法》；《关于进一步加强大中型水库移民后期扶持工作的通知》；《关于切实做好水库移民脱贫攻坚工作的指导意见》；《关于进一步做好大中型水库移民后期扶持工作的通知》；《水利部办公厅　财政部办公厅关于开展2017年度中央水库移民扶持基金绩效评价工作的通知》。

同时，各级地方政府在中央政策和法律的纲领下，出台更符合地方特色的补充政策和法律法规。以河南省为例，相继出台了：《关于转发切实做好水库贫困移民脱贫攻坚工作的实施意见的通知》；河南省、相关市、县（区）大中型水库移民后期扶持政策配套文件；河南省关于避险解困、强村富民、社会治理创新方面的相关文件；河南省、相关市、县（市、区）大中型水库移民后期扶持相关规划。

这些法律法规对移民安置大纲、安置规划、资金使用、后期扶持等都做了明确规定，并且对移民的诉讼权、诉讼规程和渠道等也给予了相应的法律规定和程序。与移民安置工程发展初期相比，我国在移民参与细则规范、参与原则、参与方式和参与手段等方面都有不同程度的优化和完善，但在实施过程中，也不断有新的问题呈现：移民参与广度和深度不够，移民由于文化和知识层次限制，对安置工程的参与流于形式，对公共利益事项且往往存在搭便车的行为，而过分关注自身利益得失。当移民与政府、业主或第三方机构出现矛盾时，仍然觉得会有无处申诉的感觉，移民对法律诉讼的规程和条例理解不深入、不透彻，导致群体性上访事件时有发生。因此，如果要实现移民安置工程的和谐构建、移民生存质量的显著提升、移民可持续发展能力的逐步完善，就需要更为细致的法律法规作为支撑，并组织相应学习活动，普及法律知识，切实保障移民的参与权、监督权和知情权。

三、参与个体能力机制

移民参与机制的效果如何，与移民自身素质密切相关。一项好的政策，若利益各方理解准确、分析透彻、执行到位，那么政策效率传导渠道畅通，反馈及时有效，系统内各成员信息交流通畅，这样政策实施就无阻碍，效果发挥就会完全，且遇到突发问题时也能及时合理的解决。

在移民参与机制中，移民对安置政策、后扶政策等的理解普遍浅显且片面，这就造成了参与机制在运行过程中出现的移民参与流于形式，深度不够，关注点有偏差等问题。库区移民文化程度普遍不高，主要集中在初中和高中阶段，且年龄普遍偏大，即使家庭中有年轻劳动力，也多数都在外地打工，并未真正参与到移民安置工程的策划、修正和实施过程。因此针对这种情况，提升移民的知识水平和个人能力，以便他们更深入地理解安置政策，就成为移民安置工程的重要一步。

提升移民参与能力的主要措施是组织相关的学习和培训，包括参与意识方面的培训和法律法规条款的学习。参与意识方面的培训主要为了调动移民参与积极性，增强移民参与的大局意识、规范意识和理性意识。培训方式可以是大会形式的动员会，也可以根据移民文化水平组织小课堂进行交流和培训。培训应由专业人员进行，既要对国家移民安置政策和发展趋势十分熟悉，同时还应该对本地库区移民的生存状态和需求有清晰的了解，这样在对移民参与意识的培训中，才能够不出现曲高和寡、脱离移民群众实际、大而空的现象。

移民相关法律法规的学习和培训更加专业化，法律法规都是由专业的条款构成，对于没有任何法律基础知识的库区移民而言，最好的方式是将艰涩难懂的法律术语转变成老百姓的日常用语，并且多采用案例的方式进行讲解和分析，让参加培训的移民更具情景感。通过模拟在遇到法律问题时如何厘定法律关系、适用哪些法律条款，从而增强移民对移民安置规划、安置补偿、后期扶持和移民项目监测评估等相关政策和法律的了解。通过学习和培训，移民能够较为准确地判断自身的权利和义务关系，增强法律保护意识。

移民参与个人能力的提升，仍然需要有畅通的渠道才能发挥最大的效用。对于政府的相关管理机构而言，要积极参与到移民参与机制的构建中。一方面，要提供充足的服务。对于各种类型的培训和学习，可以由政府管理机构组织开展，也可由政府委托给第三方培训机构来开展，并且不定期、多形式的保障培训学习活动的开展和进行。另一方面，政府管理机构应尽可能保证各类移民沟通和信息反馈渠道的开放，完善管理规定，定期召开听证会等信息反馈和沟通形式，鼓励移民参与到水利水电工程和移民安置项目或工程中去，使得移民在利益受损时，能够理智地选择合理的申诉渠道，并严格移民申诉的时段限制，从而及时解决当前问题，最大限度减少移民的群体性上访事件，保证移民生产生活的稳定，以及生存质量的显著提升。

四、社会舆论机制

我国很长一段时间是在高度集权管理的体制下运行，政府管理体制属于压力型体制架构，这种体制下，社会高度政治化，政治、经济、社会一体化，重大事项都是由政府来推动，虽然政府具有强大的执行力，推动事件发展和运行的效率较高，但是体制内沟通渠道不畅，政治舆论和社会舆论被同一化，不利于发现事件运行过程中出现的问题。允许社会舆论与政治舆论相分离，逐步建立独立型的社会舆论机制，是社会管理的有益补充。

当前，在互联网和数字经济快速发展的背景下，社会事件和信息的透明度高速增长，社会舆论参与范围不断扩张，参与程度不断加深，发表言论的渠道更加多元化。因此，在新时代背景下，需要重新构建库区移民的社会舆论参与机制，以便更好地利用社会舆论监督水利水电工程移民安置项目，切实为移民谋福利，保障他们的基本权利。

库区移民的社会舆论机制是由政府、媒体和社会公众三方构成的。在互联网时代下，库区移民参与的社会舆论机制一定是在三方利益共享、责任共担的协作下完成的。

（1）政府，是权威信息的发布方，具有对社会舆论进行科学引导和有效管理的职责。在库区移民安置过程中，国家和地方政府要保证信息的公开和透明，使得移民对于安置规划，后期扶持等政策有充分的了解，同时要维护移民的知情权、表达权和监督权。政府可利用互联网信息传播的便捷性，建立稳定的信息公布平台，同时还可对信息进行筛选和管理，保证相关信息的公平、公开、透明，形成对社会舆论的科学引导，便于与移民、业主和社会群体建立积极的沟通。

（2）媒体，是信息传播的重要渠道。主流媒体一直都是政府公布信息的最重要方式，互联网时代下新媒体成为主流媒体的有效补充。利用电视、网络等媒体可以通过实地调查、现场直播、法律解读、后续跟踪、专家讲解等方式，宣传移民安置的法律和政策，宣扬典型案例，进行个案分析，帮助移民获取更多信息，营造稳定和谐的社会氛围，增加移民参与的积极性。传统媒体要和新媒体进行融合，在积极引导新媒体方向的前提下，充分发挥新媒体的灵活性和机动性，做到线下线上互动，利用多种方式和渠道实现官方媒体和民间媒体的一致性，从而提升公民的舆论素养。

（3）社会公众，既是舆论的制造者，也是舆论的接受者。互联网时代下，新媒体的门槛低，加之群众对信息的筛选和甄别能力有限，因此极容易受到社会舆论的引导，出现偏颇的观点。特别是关于移民安置项目，信息公布不准确，很容易形成移民的群体性事件，从而严重危害社会稳定。因此，加强移民的道德素养，增强移民对信息的识别能力，做到理性地使用权利和表达诉求，是社会公众，尤其是移民合法参与社会舆论、合理监督安置过程的关键办法。

五、监督机制

移民参与机制需要在第三方的监督下推行。当前，国家对库区移民的后期扶持项目进行连续和间隔的监测评估。监测评估采取多阶段抽样的方式抽取评估对象，第一阶段在所有移民安置村中抽取调研的样本安置村；第二阶段在样本安置村所有的库区移民户中抽取样本户，对样本户移民进行安置满意度的调研，并对信息沟通渠道和信息反馈方式等问题进行深度访谈，从而在一定程度上了解移民对于参与机制的反应和意见。

现有的政府监督机制主要采用独立第三方的形式进行，委托具有资质的评估组织或机构进行参与机制的满意度调查。这种方式虽然直接、有效，但是仍然存在弊端。这是因为该种监督方式不具有普适性，且在调研过程中，往往由村干部陪同调研人员进行移民访谈，因此未必能够获得真实准确的信息；且移民访谈时间短、内容少，并不能将移民安置过程中存在的问题暴露清楚；同时，因为牵涉到政府政绩，一部分问题容易被忽略和遮掩。

除了政府监督外，民间社团组织也会对移民安置形成监督。移民安置相关民间社团组织通常由该领域的专家、学者、社会工作者等组成，其性质为非营利性组织，目的在于真实反映移民生存状态，保护移民合法权益。由于民间社团组织不存在业绩的问题，且多数情况下由高校教师和科研人员组成，因此在研究目的和研究方法上有所创新，在一定程度上可以看作是库区移民的代言人，他们通过自己的研究能够将移民安置过程中切实存在的困难和问题真实地反映出来，有效地拓宽移民参与的监督范围、进行监督方式和渠道的积极创新。

第六节　本章小结

在前述分析的基础上，本章从动力机制、创新机制、组织机制、保障机制和参与机制五个维度提出提升库区移民生存质量的路径和机制。在这五大机制下，移民户本身、移民迁入地、相关管理部门、社会慈善机构、中介机构等众多参与主体依据自身特点和职能要求，提供相应的帮扶措施、制定相应的帮扶政策，为库区移民有效真实地改善生存条件、提升生存质量提供支持和保障。

附录 A　库区移民监测评估数据（收入类）

序号	性别	年龄	文化程度	耕地面积/亩	劳动力人口/人	房屋面积/平方米	经营性收入/元	工资性收入/元	财产性收入/元	转移性收入/元	养老金/元	移民直补/元	政策性补贴/元
1	女	55	小学	0.4	1	25	1700	11000	500	883	271	480	2
2	女	49	小学	0	1	33	1140	7000	660	460	-100	600	30
3	男	72	初中	1	2	12	930	6500	240	729	279	200	0
4	女	43	初中	0.4	2	22	1210	13000	440	100	-50	300	0
5	男	65	小学	0.2	2	27	891.1	11500	540	549	279	100	20
6	男	72	初中	0.2	0	25	80	0	500	5086	936	300	0
7	女	75	无	0.4	2	48	88	10000	960	484	334	240	60
8	女	52	小学	0.3	2	25	22	10000	500	395	-75	600	20
9	女	54	初中	0.2	1	20	1163	4000	400	225	-75	450	0

续表

序号	性别	年龄	文化程度	耕地面积/亩	劳动力人口/人	房屋面积/平方米	经营性收入/元	工资性收入/元	财产性收入/元	转移性收入/元	养老金/元	移民直补/元	政策性补贴/元
10	女	87	小学	0.4	3	28	1360	9000	560	77.2	107.2	120	0
11	男	64	初中	0.2	2	30	1360	9800	600	424	334	240	0
12	男	71	小学	0.2	0	50	990	0	1000	3586	936	600	0
13	男	76	小学	0.1	2	25	1295	10500	500	334	184	300	0
14	男	65	初中	0.2	2	25	1300	10540	500	334	184	300	0
15	男	82	小学	0.2	0	22.5	1512	400	450	6386	936	600	0
16	女	51	小学	0.1	1	30	1007	12500	750	8	-100	200	8
17	女	42	无	0.3	2	15	980	9950	375	742	-83	100	10
18	女	64	无	0.56	2	20	1130	9200	500	314.4	314.4	120	30
19	女	45	小学	0.25	1	50	1350	10300	1250	-40	-50	150	10
20	女	43	小学	0.16	2	20	280	10000	500	207.2	167.2	120	10
21	女	46	高中	0.2	2	15	2465	3300	375	2780	-40	240	20
22	女	66	无	0.9	1	25	430	6300	625	678	468	150	70
23	女	56	小学	0.33	2	20	305	11000	500	-140	-100	100	10
24	女	35	初中	0.4	2	40	1240	12900	1000	95	-75	150	20
25	女	42	初中	0.25	2	25	300	9500	625	-55	-75	150	20
26	女	43	小学	1	1	25	230	10000	625	1244	184	150	10

续表

序号	性别	年龄	文化程度	耕地面积/亩	劳动力人口/人	房屋面积/平方米	经营性收入/元	工资性收入/元	财产性收入/元	转移性收入/元	养老金/元	移民直补/元	政策性补贴/元
27	女	61	高中	1.5	1	110	1210	3500	2000	4756	936	300	70
28	女	65	小学	0.5	4	20	470	12400	200	676	56	100	20
29	女	43	小学	0.1	1	20	380	6500	500	-35	-50	150	15
30	女	52	初中	0.1	4	15	70	10100	375	-110	-100	100	10
31	男	51	初中	0.5	2	55	205	11000	550	354	-100	600	4
32	女	46	小学	0.2	1	45	65	8000	450	1204	-50	300	4
33	女	61	无	0.2	2	25	0	6000	250	124	-30	300	4
34	女	52	小学	0.1	1	25	200	7700	250	130	-25	300	5
35	男	78	小学	0	0	20	100	0	200	3786	936	600	0
36	女	35	小学	0.2	1	30	70	12000	300	2704	-50	400	4
37	男	72	小学	0.3	0	30	110	0	300	4096	936	600	10
38	男	66	小学	0.05	1	33	80	9000	330	882	624	400	8
39	男	76	初中	0.3	0	70	115	0	700	3496	936	600	10
40	男	48	初中	0.1	1	17	10	11000	170	1755	-50	450	5
41	男	36	初中	0.2	1	23	55	9000	230	308	156	300	2
42	女	58	小学	0.1	1	40	100	11000	400	438	-67	600	5
43	男	47	初中	0.1	1	20	70	12000	200	1184	-70	400	4

续表

序号	性别	年龄	文化程度	耕地面积/亩	劳动力人口/人	房屋面积/平方米	经营性收入/元	工资性收入/元	财产性收入/元	转移性收入/元	养老金/元	移民直补/元	政策性补贴/元
44	女	51	初中	0.2	1	30	330	10500	300	184	-70	400	4
45	女	63	小学	0.2	2	10	550	6300	100	205	-8	360	3
46	男	35	初中	0.07	2	20	95	12400	360	104	-66	200	0
47	男	53	小学	0	2	30	0	12300	540	250	-100	300	0
48	女	53	小学	0.25	2	45	-52	7300	810	893.5	-75	600	18.5
49	男	53	初中	0.25	2	70	400	8200	1260	857.5	-100	600	7.5
50	男	64	初中	0.8	2	32	389	8150	576	964	334	360	20
51	男	58	小学	0.15	2	60	0	15200	880	387.5	-100	300	35
52	男	59	初中	0.125	2	37.5	62.5	8100	675	1785	180	450	5
53	男	54	小学	0	2	54	0	8400	510	1040	180	600	10
54	男	67	小学	1	0	40	350	0	400	5836	936	600	50
55	男	58	初中	0.8	2	120	370	5500	1200	1990	-100	600	140
56	男	60	初中	0.025	1	60	50	0	660	6293.5	836	600	7.5
57	男	64	小学	0.5	0	50	283.5	0	900	7085	2800	300	35
58	女	70	小学	0.1	0	30	120	0	580	4606	936	600	20
59	男	67	小学	0.1	1	20	52	8500	360	1128	246	600	2
60	男	52	高中	0.06	3	20	0	10300	480	950	-40	240	0

续表

序号	性别	年龄	文化程度	耕地面积/亩	劳动力人口/人	房屋面积/平方米	经营性收入/元	工资性收入/元	财产性收入/元	转移性收入/元	养老金/元	移民直补/元	政策性补贴/元
61	男	65	小学	0.02	2	36	1110	8000	540	2347.4	334.4	480	3
62	男	60	小学	0.02	2	28	755	12000	420	1752.5	-100	600	2.5
63	男	71	初中	0.1	0	20	60	0	300	6486	936	600	0
64	男	64	初中	0.03	0	30	650	0	450	4736	936	600	0
65	男	51	初中	0	2	15	0	8000	225	408	-50	450	8
66	女	60	初中	0.25	0	20	740	0	300	6360	-100	600	10
67	女	48	初中	0.2	2	25	1880	7200	375	395	-75	450	20
68	男	55	初中	0.06	2	25	2020	6100	375	3527.2	147.2	480	50
69	男	45	小学	0.1	2	40	675	8500	600	1343.3	-66.7	200	10
70	男	52	初中	0.02	2	40	-10	10000	600	520	-100	600	20
71	男	66	小学	0.2	0	60	500	0	900	5516	936	600	30
72	男	54	初中	0.2	3	30	470	13600	450	20	-100	600	20
73	男	62	初中	0.02	2	20	0	8800	300	1469	591	600	8
74	男	51	初中	0.1	2	40	80	15500	600	460	-40	480	20
75	女	46	小学	0.15	2	30	1482	7600	450	2534	184	450	50
76	男	59	小学	1	2	17	140	14500	255	880	-33	300	30
77	女	84	无	0.06	1	20	42	5200	300	8405	279	400	10

续表

序号	性别	年龄	文化程度	耕地面积/亩	劳动力人口/人	房屋面积/平方米	经营性收入/元	工资性收入/元	财产性收入/元	转移性收入/元	养老金/元	移民直补/元	政策性补贴/元
78	男	60	初中	0.1	0	50	1585	0	750	6765	460	600	55
79	男	46	初中	0.04	2	20	37	13500	300	1334	-40	120	4
80	男	59	初中	0.08	3	33	1532	12400	495	310	-83	300	13
81	女	52	小学	0.15	2	55	28	13100	550	2019	-50	450	19
82	男	62	初中	0.72	0	80	140	0	800	8279	936	600	23
83	女	55	初中	0.2	2	43	1060	15500	645	811	-66	600	27
84	女	38	初中	0.2	2	30	1185	16450	450	720	-50	150	20
85	男	71	小学	0.2	0	30	2805	0	400	11196	936	600	10
86	男	65	小学	0.3	0	50	1680	0	600	8936	936	600	50
87	女	54	初中	0.6	1	30	1200	13000	450	305	-40	480	15
88	男	39	小学	0.1	1	50	560	15000	750	1898	418	600	30
89	男	62	初中	0.1	1	13	720	11000	150	2200	184	600	16
90	男	54	初中	0.2	1	30	820	12500	300	1570	-100	600	20
91	女	47	小学	0.03	2	12.5	53	11500	188	754	156	200	8
92	男	49	初中	0.05	2	25	92	13200	375	899	-66	600	15
93	女	46	小学	0.03	2	12.5	21	11200	187.5	918	279	300	9
94	女	54	初中	0.2	2	20	1480	11200	300	1080	-40	480	10

续表

序号	性别	年龄	文化程度	耕地面积/亩	劳动力人口/人	房屋面积/平方米	经营性收入/元	工资性收入/元	财产性收入/元	转移性收入/元	养老金/元	移民直补/元	政策性补贴/元
95	男	61	初中	0.04	2	12.5	500	10000	187.5	908	123	300	5
96	男	60	初中	0.07	2	13	89	11500	195	864	123	300	8
97	男	43	初中	0.1	2	12.5	260	12200	187.5	429	279	300	0
98	女	60	初中	0.3	1	33	183	8700	495	1343	591	600	35
99	男	72	初中	0.1	0	37.5	130	0	562.5	4386	936	600	0
100	男	75	初中	0.1	0	35	160	0	525	5386	936	600	0
101	女	50	小学	0.1	2	25	0	6000	375	233	-67	400	0
102	女	52	初中	0.03	4	12.5	260	10200	187.5	554	279	400	0
103	男	65	初中	0.03	2	12.5	740	8900	187.5	479	279	200	0
104	女	65	无	0.25	2	20	220	8700	300	534	279	200	5
105	男	43	初中	0.02	2	12.5	170	9800	187.5	250	-50	450	0
106	女	65	无	0.58	2	30	470	6200	600	631	123	100	33
107	女	51	小学	0.25	2	25	250	10200	500	1965	-50	150	15
108	女	53	小学	0.75	2	55	1535	9200	1100	342.5	-25	150	37.5
109	女	58	小学	0.5	0	20	675	0	400	4449.5	936	300	13.5
110	女	47	小学	0.75	2	40	1100	8700	800	92.5	-50	150	12.5
111	女	44	初中	0.7	2	54	1564	10000	1080	599	246	200	66

续表

序号	性别	年龄	文化程度	耕地面积/亩	劳动力人口/人	房屋面积/平方米	经营性收入/元	工资性收入/元	财产性收入/元	转移性收入/元	养老金/元	移民直补/元	政策性补贴/元
112	女	44	小学	0.17	2	25	295	5500	500	80	-25	150	5
113	女	54	初中	0.6	2	40	934	8700	800	1241	936	300	25
114	男	46	高中	0.28	2	60	2650	8000	1800	145	-40	120	15
115	男	57	高中	1	3	32	805	7220	640	823.5	-28.5	529	45
116	女	33	小学	0.42	4	20	260	9200	400	1454	279	100	25
117	女	59	无	0.46	3	53	569	6000	1060	1574	123	100	26
118	女	60	小学	0	0	30	240	0	600	4256	936	300	0
119	女	52	小学	1	2	48	394	6150	960	750	-40	120	60
120	女	49	小学	0.74	2	48	237	8700	960	377	-60	120	37

附录 B　库区移民监测评估数据（支出和财产类）

序号	性别	年龄/岁	食品/元	衣着/元	居住/元	教育/元	医疗/元	电视机/台	电冰箱/台	洗衣机/台	手机/部
1	女	55	1450	600	1400	1000	750	2	1	1	1
2	女	49	2000	500	1460	550	500	1	1	1	3
3	男	72	1600	600	580	300	550	1	1	1	1
4	女	43	3000	700	1500	1200	850	2	1	1	1
5	男	65	1500	600	1200	600	1100	1	0	1	1
6	男	72	1100	350	700	0	1080	0	0	0	1
7	女	75	1600	600	1500	400	700	1	1	1	0
8	女	52	1700	700	800	770	1300	1	1	1	2
9	女	54	1400	400	1050	3000	450	1	0	1	3
10	女	87	1800	665	800	60	900	1	1	1	1

续表

序号	性别	年龄/岁	食品/元	衣着/元	居住/元	教育/元	医疗/元	电视机/台	电冰箱/台	洗衣机/台	手机/部
11	男	64	1750	630	1150	1260	850	1	1	1	1
12	男	71	800	450	1490	50	980	1	1	1	1
13	男	76	1800	670	1090	1260	790	1	1	1	1
14	男	65	1760	630	1050	1240	900	1	1	1	1
15	男	82	1789	635	870	0	2100	0	0	0	0
16	女	51	2100	770	1300	300	1540	2	1	1	2
17	女	42	1350	500	1250	1450	1200	1	1	1	4
18	女	64	1500	600	1000	1500	650	1	1	1	3
19	女	45	1250	450	1550	4000	180	1	1	1	3
20	女	43	2400	600	820	1000	2000	1	1	1	1
21	女	46	400	200	675	5000	4000	1	1	1	2
22	女	66	1200	400	750	1300	675	1	1	1	1
23	女	56	2150	680	1050	800	1200	1	1	1	4
24	女	35	3000	600	1300	1200	1000	2	1	1	2
25	女	42	3500	400	850	1000	1000	1	1	1	3
26	女	43	1400	700	750	1300	1250	1	1	1	3
27	女	61	1600	640	2300	0	2000	1	1	1	1
28	女	65	2400	750	1200	1500	1400	1	1	1	2

续表

序号	性别	年龄/岁	食品/元	衣着/元	居住/元	教育/元	医疗/元	电视机/台	电冰箱/台	洗衣机/台	手机/部
29	女	43	1000	350	760	900	600	1	1	1	2
30	女	52	1900	700	1100	800	880	1	1	1	3
31	男	51	2000	550	800	0	550	1	1	1	4
32	女	46	320	80	760	5750	2100	1	0	1	2
33	女	61	1200	350	600	500	380	1	1	1	3
34	女	52	1200	500	650	500	350	1	0	1	2
35	男	78	1000	330	400	0	550	1	0	0	1
36	女	35	1040	500	600	450	4400	2	1	1	4
37	男	72	650	300	550	0	2500	1	0	0	1
38	男	66	1500	600	506	500	500	1	1	1	2
39	男	76	800	300	900	0	1200	1	0	0	1
40	男	48	1600	450	500	400	2500	1	1	1	2
41	男	36	1400	500	520	200	500	2	1	1	2
42	女	58	1500	540	850	360	800	1	1	1	2
43	男	47	1700	600	600	400	350	2	1	1	2
44	女	51	1700	520	560	0	600	1	1	1	3
45	女	63	1200	360	450	300	550	1	0	1	4
46	男	35	1600	760	920	667	500	2	1	1	2

续表

序号	性别	年龄/岁	食品/元	衣着/元	居住/元	教育/元	医疗/元	电视机/台	电冰箱/台	洗衣机/台	手机/部
47	男	53	1650	500	1230	0	600	2	1	1	3
48	女	53	1000	450	910	1100	750	1	1	1	3
49	男	53	1500	500	1900	0	500	1	1	1	2
50	男	64	1570	450	1000	0	600	1	1	1	3
51	男	58	3000	1500	1800	0	700	2	1	1	2
52	男	59	2400	800	1000	0	2000	1	1	1	2
53	男	54	1900	500	900	0	1200	1	1	1	3
54	男	67	1050	120	638. 5	0	3750	1	1	1	2
55	男	58	1600	500	1600	0	680	1	1	1	1
56	男	60	2250	100	700	0	5000	1	1	1	2
57	男	64	1200	350	1425	0	1000	1	1	1	2
58	女	70	1000	150	690	0	450	1	1	1	1
59	男	67	1400	800	900	0	600	1	1	1	1
60	男	52	1440	300	1000	0	1260	1	1	1	1
61	男	65	2400	730	1400	1800	2200	2	1	1	4
62	男	60	2300	700	1300	80	2700	2	1	1	4
63	男	71	900	50	670	0	4000	1	0	1	1
64	男	64	1300	300	890	0	450	1	0	1	1

续表

序号	性别	年龄/岁	食品/元	衣着/元	居住/元	教育/元	医疗/元	电视机/台	电冰箱/台	洗衣机/台	手机/部
65	男	51	1800	500	1000	2000	200	1	1	1	2
66	女	60	1300	40	600	0	3400	1	0	1	1
67	女	48	1500	500	800	1000	150	1	0	1	1
68	男	55	1300	400	600	2500	3000	1	1	1	3
69	男	45	1400	300	970	1000	2400	1	1	1	2
70	男	52	1800	1600	1800	100	300	1	1	1	2
71	男	66	1800	200	1300	0	1200	1	1	0	1
72	男	54	3100	800	2200	0	400	2	1	1	2
73	男	62	1500	600	1600	0	300	1	1	1	2
74	男	51	4000	1000	1300	0	150	2	1	1	5
75	女	46	1600	500	1400	2000	3000	1	1	1	3
76	男	59	2000	600	1370	1200	1666	2	1	1	5
77	女	84	1800	350	1200	0	6600	1	1	1	3
78	男	60	1300	800	1680	0	1200	1	0	0	2
79	男	46	1300	600	1340	1800	2500	1	1	1	2
80	男	59	1400	1000	1695	1200	416	1	1	1	4
81	女	52	1400	750	1182.5	1800	10000	1	1	1	3
82	男	62	1900	600	1200	0	800	1	1	0	1

续表

序号	性别	年龄/岁	食品/元	衣着/元	居住/元	教育/元	医疗/元	电视机/台	电冰箱/台	洗衣机/台	手机/部
83	女	55	2000	900	1645	0	450	1	1	1	3
84	女	38	2000	1200	1150	2500	1200	1	1	1	3
85	男	71	2500	650	1200	0	4700	1	1	1	1
86	男	65	1500	700	1100	0	4000	1	0	0	1
87	女	54	2200	1000	1400	2000	150	1	1	1	5
88	男	39	2300	500	2000	0	2500	1	1	1	4
89	男	62	2000	300	940	1000	3000	1	1	1	4
90	男	54	1500	500	1230	0	3700	1	0	1	2
91	女	47	1600	700	1187.5	2000	600	1	1	1	3
92	男	49	2000	1200	1575	1200	800	2	1	1	2
93	女	46	1666	800	887.5	2000	600	1	0	1	2
94	女	54	2150	200	1300	0	920	2	1	1	4
95	男	61	1500	500	987.5	1333	760	1	1	1	4
96	男	60	1400	300	1195	1666	833	1	1	1	2
97	男	43	2000	620	700	800	690	1	1	1	3
98	女	60	1800	600	850	0	830	1	1	1	2
99	男	72	1900	400	900	0	550	1	1	1	1
100	男	75	2000	300	790	0	680	1	0	0	1
101	女	50	1800	670	660	880	300	1	1	1	3

续表

序号	性别	年龄/岁	食品/元	衣着/元	居住/元	教育/元	医疗/元	电视机/台	电冰箱/台	洗衣机/台	手机/部
102	女	52	1800	650	900	360	500	1	1	1	3
103	男	65	1550	450	580	720	440	1	1	1	4
104	女	65	1700	550	750	1700	560	1	0	1	4
105	男	43	1900	700	550	800	440	1	1	1	3
106	女	65	540	70	776	360	1500	1	1	1	2
107	女	51	400	150	782. 5	2750	4000	1	1	1	0
108	女	53	800	100	1375	1300	200	1	1	1	3
109	女	58	800	100	600	0	500	1	0	0	2
110	女	47	1000	500	1100	550	200	1	1	1	2
111	女	44	860	500	1500	0	400	2	1	1	3
112	女	44	750	500	833. 5	100	100	1	1	1	3
113	女	54	1100	600	1345	500	140	1	1	1	2
114	男	46	1825	120	2148	4000	600	1	1	1	1
115	男	57	1200	140	1350	0	1500	2	1	1	4
116	女	33	1700	900	591	666	2000	1	1	1	2
117	女	59	800	110	1200	2300	2000	1	1	1	4
118	女	60	800	280	900	0	460	1	0	0	1
119	女	52	900	100	1320	0	1200	2	1	1	4
120	女	49	900	200	1117. 6	400	700	1	1	1	2

参考文献

[1] 杨树．南昌市农村地区居民生存质量及影响因素研究［D］．南昌：南昌大学，2010.

[2] 张朝辉．生计资本对农户退耕参与决策的影响分析——以西北S地区为例［J］．干旱区资源与环境，2019，33（4）：23-28.

[3] 宁静，殷浩栋，汪三贵，等．易地扶贫搬迁减少了贫困脆弱性吗？——基于8省16县异地扶贫搬迁准实验研究的PSM-DID分析［J］．中国人口资源与环境，2018，28（11）：20-28.

[4] 郭秀丽，周立华，陈勇，等．生态政策作用下农户生计资本与生计策略的关系研究——以内蒙古自治区杭锦旗为例［J］．中国农业资源与区划，2018，39（11）：34-41.

[5] 吴乐，靳乐山．生态补偿扶贫背景下农户生计资本影响因素研究［J］．华中农业大学学报（社会科学版），2018（6）：55-61，153-154.

[6] 徐锡广，申鹏．异地扶贫搬迁移民的可持续性生计研究——基于贵州省的调查分析［J］．贵州财经大学学报，2018（1）：103-110.

[7] 黄志刚，陈晓楠．生计资本对农户移民满意度影响分析——以陕西南部地区为例［J］．干旱区资源与环境，2018，32（11）：47-52.

[8] 涂丽．生计资本、生计指数与农户的生计策略——基于CLDS家户数据的实证分析［J］．农村经济，2018（8）：76-83.

[9] 罗永仕．农村库区四种移民社会样态对社会融合的影响之比较［J］．广西社会科学，2016（5）：136-141.

［10］胡江霞，文传浩．社区发展、政策环境与水电库区移民的社会融合［J］．统计与决策，2016（16）：82－85.

［11］耿言虎，陈阿江．少数民族地区水利水电工程移民问题探讨［J］．河海大学学报（哲学社会科学版），2015，17（1）：42－47.

［12］荀晓鲲．人口管理创新视角下的水库移民城镇融入问题及对策研究［J］．水利发展研究，2015，15（6）：11－15.

［13］张祝平．社会支持与社会融合：水库工程和谐移民实证研究——以浙江丽水市为例［J］．南京人口管理干部学院学报，2013，29（3）：14－20.

［14］邱元锋，孟戈．水库移民满意度影响因素实证分析［J］．水利学报，2016，47（5）：663－673.

［15］李娜，王火根．基于主成分分析的水库移民生活水平综合评价［J］．人民长江，2016，47（23）：120－125.

［16］彭峰，周银珍．水库移民生计风险的影响因素研究［J］．统计与决策，2016（6）：60－62.

［17］王沛沛，许佳君．生计资本对水库移民创业的影响分析［J］．中国人口资源与环境，2013，23（2）：150－156.

［18］秦朝钧．水库移民的生产生活重建综合评价模型分析——以广西龙潭库区为例［J］．三峡大学学报（人文社会科学版），2011，33（6）：11－15.

［19］陈昱，陈银容，马文博．基于Logistic模型的水库移民安置区居民土地流转意愿分析——四川、湖南、湖北移民安置区的调查［J］．资源科学，2011，33（6）：1178－1185.

［20］嵇雷，巨英．模糊综合评价法在水库移民后扶政策效果评价中的应用［J］．重庆科技学院学报，2011（2）：78－79，88.

［21］姜茫，陈弥．大中型水库移民后期扶持政策实施效果分析——以遂宁市为例［J］．北方经济，2013（22）：70－71，74.

[22] 徐鑫，王小艺，安孟夏，等．水库移民后期扶持政策实施效果综合评价研究［J］．水力发电，2015，41（6）：11-13.

[23] 李居英．江西水库移民后期扶持政策实施效果研究［J］．中外企业家，2016（24）：240.

[24] 樊飞燕．城建移民心理和谐现状及其与生活满意度、生活质量的关系［D］．昆明：云南师范大学，2013.

[25] 余颂，陈海梁．全面小康社会居民生活质量评估指标体系的构建［J］．消费经济，2003（6）：22-24.

[26] Mitchell, G. Indicators as Tools to Guide Propress on the Sustainable Development Pathway. //Lawrence R J. *Sustaining Humansettlement: a Challence for the New Milliennium* [M]. Urban Internaton Press, 2000.

[27] 林素穗．城市生活品质评量之研究——以台南市为例［D］．台南：立德管理学院，2004.

[28] RIVM (2000). De Hollander A E M. *National Milieu Verkenningen* [R]. RIVM, 2002, National Outlook, Summary in English.

[29] Meeberg G A. Quality of life: A Concept analysis [J]. *Journal of advanced nursing*, 1993: (32-38).

[30] Ferrans C E & Powers M J. Psychometric Assessment of the Quality of life Index [J]. *Research in nursing & Health*, 1992, 15 (1): 29-38.

[31] The WHOQOL Group. Development of World Health Organization WHOQOL-BREF quality of life assessment [J]. *Psychological MediciNe*, 1993, 28 (3): 551-558.

[32] Denielle S Hollar. *The creation and illustration of quality of life: Aconceptual model for examing welfare reform impacts* [D]. Blacksburg: Virginia Polytechinc Insititute and State University, 2000.

[33] 陆学艺，朱庆芳，吴寒光．社会指标体系［M］．北京：中国社会科学出版社，1999.

[34] McDowell I and Newell C. *Measuring health: A guide to ratin scales and questionnaires* (2nd. ed) [M]. New York: Oxford University Press, 1996.

[35] 叶南客. 城市现代化进程中的老年生活考察——南京市老年人生活方式与生活质量变迁的个案研究 [J]. 社会学研究, 2001 (4): 76 -87.

[36] The WHOQOL Group. The World Health Organization Quality of Life assessment: Development and general psychometric properties [J]. *Social Service Medicine*, 1998 (46): 1569 -1585.

[37] 侯双. 生计资本、外部环境与扶贫移民生计发展——以甘肃省L县集中安置移民搬迁为例 [D]. 武汉: 华中师范大学, 2016.

[38] 刘伟, 黎洁, 李聪, 等. 移民搬迁农户的贫困类型及影响因素分析——基于陕南安康的抽样调查 [J]. 中南财经政法大学学报, 2015 (6): 41 -48.

[39] 宁静, 殷浩栋, 汪三贵. 产业扶贫对农户收入的影响机制及效果——基于乌蒙山和六盘山片区产业扶贫试点项目的准实验研究 [J]. 中南财经政法大学学报, 2010 (4): 58 -66, 88.

[40] 李小云, 董强, 饶小龙, 等. 农户脆弱性分析方法及其本土化应用 [J]. 中国农村经济, 2007 (4): 32 -39.

[41] 杨云彦, 赵峰. 可持续生计分析框架下农户生计资本的调查与分析——以南水北调 (中线) 工程库区为例 [J]. 农业经济问题, 2009 (3): 58 -65, 111.

[42] 崔诗雨, 徐定德, 彭立, 等. 三峡库区就地后靠移民与原住民生计资本特征及差异分析——一重庆市万州区为例 [J]. 西南师范大学学报 (自然科学版), 2016, 41 (8): 80 -86.

[43] 李文静, 帅传敏, 等. 三峡库区移民贫困致因的精准识别与减贫路径的实证研究 [J]. 中国人口·资源与环境, 2017, 27 (6): 136 -144.

[44] 马赞甫, 王永平. 生态移民家庭生计资本和生计模式的变化及其相互影响——基于贵州省10个移民安置点的跟踪调研 [J]. 西部论坛,

2018 (7): 45 - 55.

[45] 徐爽,胡业翠. 农户生计资本与生计稳定性耦合协调分析——以广西金桥村移民安置区为例 [J]. 经济地理, 2018, 38 (3): 142 - 148, 164.

[46] 李健瑜,陈晓楠. 可持续生计视域下生态移民工程效果探析——基于陕南599份农户问卷的实证分析 [J]. 干旱区资源与环境, 2018 (12): 41 - 48.

[47] 吴明隆. 结构方程模型——Amos的操作与应用 [M]. 重庆: 重庆大学出版社, 2011.

[48] 黄俊英. 多变量分析 [M]. 台北: 华泰出版社, 2004.

[49] 张敏,罗梅芬,等. 信息时代视域下移动医疗APP用户持续使用意愿分析 [J]. 知识分析与知识发现, 2017 (4): 46 - 56.

[50] 黄洪坤,张春美,王丽君. 基于DEA的水库移民后期扶持政策绩效分析——以江西省为例 [J]. 新疆农垦经济, 2014 (6): 22 - 26.

[51] 刘俊,但文红,程东亚. 云南省农业可持续发展评价及其子系统耦合协调性关系研究 [J]. 生态经济, 2020, 36 (4): 107 - 115.

[52] 张年,张诚. 新农村经济—交通运输—农村生态环境耦合协调发展研究 [J]. 华东交通大学学报, 2020, 37 (2): 46 - 55.

[53] 廖斌,王婷. 生态使命贫困地区精准扶贫与生态保护的耦合协调研究 [J]. 统计与决策, 2020 (3): 67 - 70.

[54] 王钊,王良虎,马雅恬. 产业协调发展的经济增长效应——基于战略性新兴产业与传统产业耦联的实证分析 [J]. 西南大学学报(社会科学版), 2020, 46 (3): 69 - 78.

[55] 孙雷,崔育宝,刘桂建. 产业转移区域经济—社会—环境协调发展研究 [J]. 电子科技大学学报(社科版), 2020 (5): 1 - 10.

[56] 刘耀彬,李仁东,张守忠. 城市化与生态环境协调标准及其评价模型研究 [J]. 中国软科学, 2005 (5): 140 - 148.

[57] 何培旭，王晓灵，李泽. 市场创新关键资源、市场创新模式、战略地位优势和企业绩效 [J]. 华东经济管理，2019，33 (2)：44－54.

[58] 李金生，于燕. 基于研发风险的创新型企业柔性组织模型研究 [J]. 科技进步与对策，2014，31 (1)：97－102.

[59] 李勋华. 水电工程移民权益保障研究 [D]. 杨凌：西北农林科技大学，2010.

[60] 段正梁. 水库移民管理运行机制创新 [J]. 水利规划与设计，2008 (3)：20－24.

[61] 曾建生. 水利工程移民专业化管理研究 [D]. 南京：河海大学，2007.

[62] 史俊宏，赵立娟. 非自愿迁移人口生计转型困境及发展能力提高[illegible]研究 [J]. 农业现代化研究，2015 (4)：603－609.

[63] 李婉蓉. 农户生计多样性与土地利用变化研究——A Case Study o[illegible]uangxi [D]. 北京：中国地质大学，2015.

[64] 毛谦谦. 陕南生态移民生计资本计量及政策贫困瞄准效率的实证研究 [D]. 杨凌：西北农林科技大学，2015.

[65] 时鹏. 基于农户视角的生态移民政策绩效研究——以陕南为例 [D]. 杨凌：西北农林科技大学，2015.

[66] 刘稳. 云南大学大学生生命质量影响因素研究 [D]. 昆明：云南大学，2014.

[67] 郭晓丽，李录堂，贾蕊. 社会资本对生态移民贫困脆弱性的影响 [J]. 经济问题，2019 (4)：69－76.

[68] 陈勤昌，甘畅，王梦晗，等. 生态移民安置居民社区满意度与旅游支持度研究——以武陵源风景名胜区为例 [J]. 西部经济管理论坛，2019 (2)：40－50.

[69] 王耕源，田鹏，段永华，等. 生态移民聚集区基础教育水平综合评价 [J]. 统计与决策，2019 (3)：114－116.

[70] 郑殿元，郭珊珊，王银，等. 基于村域单元生态移民社会效益评价［J］. 农业科学研究，2019（1）：56－78.

[71] 王文略，刘旋，余劲. 风险与机会视角下生态移民决策影响因素与多维减贫效应——基于陕西南部1032户农户的面板数据［J］. 农业技术经济，2018（12）：92－102.

[72] 崔冀娜，王健，张晓慧. 基于公平感知的移民搬迁后城镇融入研究——以三江源生态移民为例［J］. 干旱区资源与环境，2019（2）：83－88.

[73] 纪庚，王涛，代小县. 少数民族生态移民家庭有效生计模式问题研究——基于贵州三个少数民族生态移民安置点的调查［J］. 农业经济与科技，2018（7）：98－102.

[74] 杜良杰，周怡. 村民生态移民的意愿与影响因素研究——以贵州省黔东南州镇远县江古乡军坡村村民为例［J］. 中国集体经济，2018（22）：121－125.

[75] 李军. 西北少数民族生态移民社会适应分析［J］. 北方民族大学学报（哲学社会科学版），2018（3）：68－72.

[76] 张敏. 草原牧区生态移民生计资本对其升级策略的影响——以锡林郭勒盟正蓝旗为例［J］. 内蒙古工业大学学报（自然科学版），2018（2）：149－155.

[77] 王军，张森，赵丽，等. 雄安新区背景下白洋淀生态搬迁意愿调查［J］. 农村经济与科技，2018（18）：5－6.

[78] 王晓毅. 移民的流动性与贫困治理——宁夏生态移民的再认识［J］. 中国农业大学学报（社会科学版），2017，34（5）：95－102.

[79] 王敏. "两江上游"集中连片特困区生态移民的贫困风险及规避研究［J］. 统计与管理，2017（10）：48－52.

[80] 张利涛，杨晓琳. 社会治理视阈下青海生态环境治理的路径选择［J］. 安阳师范学院学报，2017（5）：87－91.

[81] 张梦媛. 我国生态移民模式及可持续性研究［D］. 北京：北京

林业大学，2015.

[82] 张利涛，杨晓琳. 社会治理视阈下青海生态环境治理的路径选择 [J]. 安阳师范学院学报，2017 (5): 87 - 91.

[83] 魏向前. 集中连片特困地区生态移民可持续发展问题研究 [J]. 黄河科技大学学报，2015，17 (2): 61 - 64.

[84] 张俊丽. 少数民族地区生态移民可持续发展制度创新的特征分析 [J]. 贵州民族研究，2014，35 (11): 165 - 168.

[85] 张灵俐. 近三十年来生态移民研究述评 [J]. 东北农业大学学报（社会科学版），2014，12 (3): 33 - 42.

[86] 陈昀，向明，陈金波. 嵌入视角下的生态移民可持续发展 [J]. 管理学报，2014，11 (6): 915 - 920.

[87] 王永平，刘希磊，黄海燕，等. 生态移民可持续发展对策探讨：基于城镇集中安置模式的思考 [J]. 贵州农业科学，2013，41 (12): 189 - 193.

[88] 黄志刚，陈晓楠，李健瑜. 生态移民政策对农户收入影响机理研究——基于形成型指标的结构方程模型分析 [J]. 资源科学，2018，40 (2): 439 - 451.

[89] 胡业翠，郑方钰，徐爽. 广西生态移民迁入区的移民效应评估 [J]. 农业工程学报，2017，33 (17): 264 - 270.

[90] 韩斌，李贵云. 抗逆力视角下我国生态扶贫模式策略优化研究——以云南省迪庆州为例 [J]. 生态经济，2018，34 (4): 223 - 227.

[91] 姜小青，蒋志强，胡玉龙，等. 水利水电工程移民监督评估实践存在的问题及完善措施 [J]. 水利经济，2019，37 (1): 70 - 72.

[92] 谢蕾蕾，张果. 库区移民生计资本作用机理与生存质量提升路径研究 [J]. 云南农业大学学报（社会科学版），2019，13 (1): 48 - 56.

[93] 汪奎，卓诗杰，刘焕永，等. “三权分置”对征地补偿移民安置影响探究 [J]. 中国人口·资源与环境，2018，28 (S2): 59 - 62.

[94] 申利. 陕南移民搬迁精准扶贫路径选择及影响因素研究 [J].

陕西理工大学学报（社会科学版），2018，36（5）：31－36.

［95］付恒阳．陕南已建移民安置点空间适宜性评价——以佛坪县为例［J］．陕西理工大学学报（自然科学版），2018，34（5）：85－92.

［96］武世亮，王道兵，张大鹏，等．水利工程农村移民生产安置方式探析［J］．东北水利水电，2018，36（8）：69－70.

［97］方素梅．异地搬迁与民族地区反贫困实践——以广西环江毛南族自治县为例［J］．西南民族大学学报（人文社科版），2018，39（9）：8－15.

［98］刘慧君，韩秀华．家庭结构变迁下新农保政策与农村老人生存质量——基于陕西省A市的调查［J］．人口与经济，2014（5）：77－86.

［99］米欢，文琦，马永霞，等．黄土高原地区贫困农户移民意愿及影响因素研究——基于原州区金轮村农户调查［J］．干旱区资源与环境，2019，33（5）：54－59.

［100］刘伟，徐洁，黎洁．异地扶贫搬迁农户生计适应性研究——以陕南移民搬迁为例［J］．中国农业资源与区划，2018，39（12）：218－223.

［101］王湛晨，刘富华．后靠式移民对收入影响的研究：基于断点回归的估计［J］．贵州财经大学学报，2018（6）：91－100.

［102］张建．运动型治理视野下异地扶贫搬迁问题研究［J］．中国农业大学学报（社会科学版），2018，35（5）：70－80.

［103］白永秀，宁启．异地扶贫搬迁机制体系研究［J］．西北大学学报（哲学社会科学版），2018，48（7）：62－74.

［104］罗万云，王光耀，韦蕙兰．环境风险认知、生计禀赋与农民生态移民意愿——基于甘肃省西部生态贫困县市的实证调查［J］．北方民族大学学报（哲学社会科学版），2018，142（4）：90－97.

［105］史俊宏．生态移民生计转型风险管理：一个整合的概念框架与牧区实证检验［J］．干旱区资源与环境，2015，29（11）：37－42.

［106］金莲，王永平，马赞普，等．国内外关于生态移民的生计资

本、生计模式与生计风险的研究综述［J］. 世界农业，2015（9）：9－14.

［107］刘红，马博，王润球. 基于可持续生计视角的阿拉善生态移民研究［J］. 中央民族大学学报（哲学社会科学版），2014，41（5）：31－40.

［108］贾国平，朱志玲，王晓涛，等. 移民生计策略变迁及其生态效应研究——以宁夏红寺堡区为例［J］. 农业现代化研究，2016，37（3）：505－513.

［109］刘建林，茹秋瑾. 基于DEA方法的李家河水库移民安置区可持续发展有效性评价［J］. 水利经济，2013，31（2）：60－67.

［110］伍宁杰，官翠铃，邱映贵. 长江中游城市群物流产业与经济发展耦合协调性研究［J］. 中南财经政法大学学报，2019（4）：89－99.

［111］刘春林. 耦合度计算的常见错误分析［J］. 淮阴师范学院学报（自然科学版），2017，16（1）：18－22.